COLLECTION
ROLF HEYNE

WOLFRAM SIEBECK

Das leckere Dutzend

12 leichte Menüs für Feinschmecker

Fotografiert von Achim Deimling-Ostrinsky

WILHELM HEYNE VERLAG
MÜNCHEN

Umschlaggestaltung: Atelier Ingrid Schütz, München
Umschlagfoto: Achim Deimling-Ostrinsky
Herstellung: Paul Fugmann
Satz: Fotosatz B. Hopfengärtner, München
Druck und Bindung: Pustet, Regensburg
Printed in Germany

ISBN: 3-453-03602-6

Inhaltsverzeichnis

Vorwort 7

Menü 1
Spinatsuppe mit Knoblauch
Erbsen mit Artischocken und Morcheln
Loup auf Fenchel · Erdbeerparfait 11

Menü 2
Gemischter Salat mit heißen Kartoffeln und Ziegenkäse
Grünkernrisotto mit Cidrekürbis · Kräuterkaninchen
mit Zwiebeln · Kokoskuchen Calypso 23

Menü 3
Bunter Salat mit weißen Bohnen · Gratin von
Mangoldstielen · Seeteufel mit Speck, glasierten
Zwiebeln und Kartoffeln · Portweinpflaumen 35

Menü 4
Zwiebelkuchen mit grünem Pfeffer
Consommé mit Morcheln · Ochsenschwanz in warmer
Vinaigrette · Ananaskompott mit Ingwer 45

Menü 5
Champignon-Pfannkuchen · Klare Hühnersuppe mit
Glasnudeln und Wakame · Courgetten-Gratin
Heiße Banane mit Pinienkernen und Marc 57

Menü 6
Amuse Gueule à la Outhier
Edel-Ratatouille · Poulet au Vinaigre (Essighuhn)
Milchreis mit Aprikosen 69

Menü 7
Linsensalat mit Schafskäse · Spargelflan mit roter
Paprikasauce · Hühnerbrust, Paprika und
Kartoffelpüree · Besoffene Kirschen in Eierkuchen 81

Menü 8
Kürbis-Chutney · Jakobsmuscheln mit Zitronenbutter
und Curry · Kaninchenrisotto mit schwarzen Oliven
Rhabarber-Ingwer-Quark 93

Menü 9
Frühlingszwiebeln mit Sauce Gribiche
Mangold mit Basmati-Reis · Lachs mit Meersalz
und Olivenöl · Zitronenschaum 105

Menü 10
Gelbe Sauerkrauttorte
Lauch-Kartoffel-Suppe · Gefüllte Tomaten
Soufflé Glace au Café (Kaffee-Halbgefrorenes) 115

Menü 11
Salat mit Roquefortkartoffeln · Gurkensuppe
mit frischem Lachs · Kalbsrücken mit safranisiertem
Blumenkohl · Orangenparfait mit Mandelkuchen 127

Menü 12
Selleriesalat mit Nüssen
Tagliatelle mit Gorgonzola-Sauce · Garnelenschwänze
provenzalisch · Apple Crumble 139

Register 149

Vorwort

Als in den frühen siebziger Jahren dieses Jahrhunderts die Neue Küche aufkam und alte Eßgewohnheiten verändern sollte, geschah dies vor allem im Hinblick auf die Bekömmlichkeit und Leichtigkeit der neuen Kochtechnik. Also kleine Portionen, keine schweren Saucen, halbrohe Fische und Gemüse. Wenn sich diese ›Nouvelle Cuisine‹ genannte Richtung nicht durchsetzte und schließlich scheiterte, so unter anderem deshalb, weil die Esser keineswegs das Gefühl hatten, sich leicht und kalorienarm ernähren zu müssen. Statt an ihre Gesundheit zu denken, wie es sich die Propagandisten der Neuen Küche ausgemalt hatten, gaben sich die Bürger dem Genuß mit Messer und Gabel vorbehaltlos hin; nicht nach Bescheidung stand ihnen der Sinn, sondern nach Schweinsbraten, Lammkeulen, Rindersteaks und ähnlichen Symbolen der gehobenen Lebensart. Die Erneuerer der Großen Küche hatten deren ›leichte‹ Version zwanzig Jahre zu früh auf die Leute losgelassen.
Erst heute scheint eine Phase der Besinnung eingetreten zu sein. Der Überdruß, dieser Holzwurm im Gebälk der Gewohnheit, bewirkt wieder einmal mehr als alle guten Vorsätze. »Wir können kein Fleisch mehr sehen!« höre ich von allen Seiten. Das tägliche Schnitzel auf dem Teller, noch vor kurzem ein sozialer Besitzstand, gilt vielen Feinschmeckern als veraltete Primitivform des Essens. Sie wollen Gemüse, Gemüse, Gemüse.
Lade ich Freunde zu mir zum Essen ein, freuen sie sich

(wie ich hoffe) und sagen zu. Füge ich jedoch hinzu: »Es wird übrigens keinen Braten und überhaupt nur wenig Fleisch geben; ich versuche es mal mit Gemüse«, dann leuchten ihre Augen auf, und sie beeilen sich, mir zu versichern, daß sie selbst auch seit geraumer Zeit kaum noch Fleisch äßen. Nicht aus grundsätzlichen Erwägungen, nein, sie seien es einfach leid geworden.
Da sie keine Ausnahmen sind, stehen in den besten europäischen Restaurants mehr und mehr fleischlose Menüs auf der Speisekarte. Keine vegetarisch zubereiteten Speisen, das nicht. Es wird mit Bouillon gekocht, und Butter fehlt auch nicht. Nur eben kein Fleisch, und Olivenöl statt Sahne. Es sind raffinierte und perfekte Feinschmeckermenüs. Diese Tendenz zum fleischlosen Essen spiegelt sich auch in den Rezepten dieses Buches wider; der Verdauungsschnaps wird überflüssig.
Einige Fleischrezepte wird es dennoch geben; für Huhn, Kaninchen, Lamm und Kalb, also die leichteren Sorten, die ich seit jeher bevorzuge. Es werden auch Fischgerichte dabei sein. Vor allem aber vieles, was man mit Gemüse anstellen kann. Wer auf die kulinarischen Qualitäten eines Essens nicht verzichten und sich trotzdem vernünftig ernähren will, der wird hier manche Entdeckung machen können.
Viele Rezepte sind beispielhaft für den derzeitigen Trend in der tonangebenden Gastronomie, wo die Küchenchefs unermüdlich nach Neuerungen suchen. Einige haben mich an ihren Funden teilhaben lassen. Die Zusammenstellung der Rezepte in der Form von Menüs soll eine zusätzliche Anregung für den Leser sein, die Möglichkeiten seiner Küche bei festlichen Anlässen auf eine harmonische Weise auszuschöpfen.

Einzelne Rezepte mögen ihm vertraut vorkommen. Es handelt sich dabei entweder um ›Klassiker‹, an die wegen ihrer Vorzüglichkeit gar nicht oft genug erinnert werden kann, oder um Gerichte, denen im jeweiligen Menü eine wichtige kompositorische Rolle zukommt.
Um es noch einmal zu sagen: Es geht mir bei den zwölf Menüs nicht darum, den bisher möglicherweise vernachlässigten gesundheitlichen Aspekt des Essens herauszustreichen. Der liegt eher im allgemeinen Maßhalten denn in einzelnen Rezepten. Nach wie vor ist der kulinarische Genuß Sinn und Zweck meiner Küche. Wenn sie diesmal etwas leichter ausfällt, ist das nicht etwa die späte Einsicht eines gallengeschädigten Gourmands, sondern entspricht der derzeitigen Einstellung zum Essen: ein Pausenfüller zwischen der Völlerei von gestern und dem, was morgen à la mode ist. Zunächst und vor allem werden es Menüs sein, die die Leser neugierig machen und sie animieren sollen, ihr Küchenrepertoire zu überprüfen und bisher unbekannte Zusammenstellungen und ungewohnte Aromen auszuprobieren.
Gut essen entzückt die Seele; gut kochen aber macht euphorisch!

Menü 1

Spinatsuppe mit Knoblauch
Erbsen mit Artischocken und Morcheln
Loup auf Fenchel
Erdbeerparfait

Das erste Menü beginnt mit einem eindeutig italienischen Akzent, danach macht sich französischer Einfluß bemerkbar. Wegen des leichtgewichtigen, aber eleganten Hauptgerichts gehört es in die Güteklasse I, was bedeutet, daß als Aperitiv ein Glas Champagner unumgänglich ist. Die angebrochene Flasche wird zum Dessert leergetrunken und beginnt als Flaschenpost ein neues Leben.

Spinatsuppe mit Knoblauch

Die einfachste Suppe der Welt, sollte man meinen. Und doch kann sie als nichtssagende Plörre serviert werden, als Fließbandprodukt ohne Charakter. Gäbe es sie überall in ihrer optimalen Form, die Spinatsuppe wäre so populär wie die französische Zwiebelsuppe und wie eine *bisque de homard.* Dabei ist es so einfach: Von den Zutaten nur das Beste nehmen.

Also eine frisch gekochte, sehr kräftige Rinderbouillon (ein halber Ochsenschwanz sollte schon mit dabei gewesen sein); entfettet und durchgesiebt.

Zweitens: Großer, grober Blattspinat; nicht die zarten und empfindlichen Blättchen.

Drittens: Frischer, das heißt saftiger Knoblauch; im Vollbesitz seiner jugendlichen Schärfe.

Viertens: Ein ebenfalls frischer Parmesan, nicht aus der Tüte. Nicht einmal im Geschäft darf er gerieben worden sein. Das mache ich selbst.
Mehr nicht.
Der Spinat wird in kochendem Salzwasser 2 Minuten blanchiert, länger nicht. Abtropfen lassen. Der Knoblauch wird enthäutet und in feinste Scheiben geschnitten. Die kommen in die Rinderbrühe und werden nur wenige Minuten gekocht. Das ist der Startschuß zum Finish: der Spinat gesellt sich zum Knoblauch in der Suppe. Die Teller werden gefüllt und der frisch geriebene Parmesan nicht zu sparsam darüber gestreut. Wer sagt, das sei doch eine ganz gewöhnliche Spinatsuppe? Es ist eine Supersuppe. Nicht mehr und nicht weniger.

Erbsen mit Artischocken und Morcheln

Bei diesem Zwischengericht ist die Grenze erreicht, wo die Leichtigkeit des Essens es der Kulinarik schwermacht. Deutlicher gesagt: dieser Gemüseteller schmeckt so gesund und so zart, daß schon während des Essens die unausgesprochene Hoffnung formuliert wird: Gibt's danach wenigstens noch was Anständiges? Die Frage ist natürlich ungerechtfertigt. Denn erstens sind nicht alle am Tisch so verfressen, und zweitens ist da ja die Delikatesse, die subtile Feinheit dieses Gemüses, die alle Einwände gegenstandslos werden läßt.
Dazu bedarf es wieder der ungeheuren wichtigen Voraussetzung: erstklassige Zutaten kaufen; nur das Beste, was der Markt zu bieten hat. Und wenn das Angebot

Spinatsuppe mit Knoblauch

Eine ganz gewöhnliche Spinatsuppe?
Es ist eine Supersuppe.
Nicht mehr und nicht weniger.

nicht so toll ist: lieber verzichten. Denn wenn hier die Erbsen und die Morcheln nicht von der feinsten Qualität sind, dann geht's daneben. Fangen wir bei den getrockneten Edelpilzen an. Es gibt kleine, winzige, große und riesige Morcheln. Die riesigen und die winzigen taugen nichts; letztere entwickeln keinen Geschmack, die riesigen sind alte, ausgefranste Typen. Besser als große sind kleine Morcheln ohne oder mit kurzem Stiel. Da bedarf es eines sorgfältigen Einkaufs, das ist klar.

Für ein Zwischengericht für 3 bis 4 Personen brauche ich (soll es ein Hauptgericht werden, genügt die doppelte Menge kaum):

800 g frische, junge Erbsen in leichtem Salzwasser mit 1 TL Zucker und 1 TL Butter gar kochen (15–25 Minuten, je nach Sorte).

2 große Artischocken (oder 3 kleinere). Die dicken äußeren Blätter abschneiden, so daß nur die zarten inneren Blätter übrigbleiben, die man ganz essen kann – wenn Sie sie essen wollen. Für dieses Rezept werden sie nicht gebraucht. In gesalzenem Essigwasser ungefähr 20 bis 30 Minuten kochen. Die Garzeit hängt von der Größe und der Frische sowie der Herkunft der verwendeten Artischocken ab. Dann die Böden von den Blättern und dem ›Heu‹ reinigen und in kleine Stücke schneiden. Das kann vorbereitet werden. Beim Probieren der Stücke stelle ich fest, ob sie vom Essig genug Geschmack mitbekommen haben. Wenn nicht, lasse ich sie, mit Zitronensaft und Olivenöl beträufelt, einige Stunden marinieren.

3 mittelgroße Kartoffeln. Schälen, halbieren und in Würfel schneiden, die doppelt so groß sind wie eine

Erbse. Im Salzwasser gar kochen. Achtung! Nur wenig salzen, da die kleinen Würfel das Salz bereitwilliger schlucken als eine große Kartoffel!
Nun zu den Morcheln. Für 3 bis 4 Personen brauche ich eine Handvoll. In Gramm läßt sich das kaum bemessen. Es können auch mehr Morcheln sein, aber nicht weniger. Die werden drei Stunden oder länger eingeweicht. Dann werden sie aus dem Wasser gefischt und sehr, sehr gründlich unter fließendem Wasser gewaschen. Das Einweichwasser ist braun geworden und hat viel vom Morchelgeschmack absorbiert. Deshalb gieße ich es nicht weg, sondern filtere es vorsichtig durch ein Papier. In diesem Wasser lasse ich die gewaschenen Pilze mindestens 30 Minuten kochen, gieße etwas Portwein dazu und salze nur sehr wenig. Irgendwann (es darf auch eine Stunde dauern, das schadet nichts) ist die Flüssigkeit völlig verkocht, die gequollenen Morcheln liegen im trockenen Topf. Jetzt gieße ich süße Sahne an. 3 EL, 4 EL oder mehr, das ist eher eine Gewissensfrage als ein kochtechnischer Zwang. Diese Sahne lasse ich ebenfalls einkochen, allerdings nicht bis zum vollständigen Verschwinden, sondern bis sie dick, dunkel und sehr, sehr lecker geworden ist. Erst jetzt würze ich. Zitronensaft muß immer dran, vielleicht etwas Salz, aber kein Pfeffer (der paßt nicht zu Morcheln), möglicherweise noch etwas Portwein; seine Süße verfeinert den Geschmack ungemein.
Nun vermische ich Erbsen, Artischocken, Kartoffeln und Morcheln in einem Kupfertopf und erhitze alles noch einmal. Kann sein, daß das Ganze etwas zu trokken ist. Dann gebe ich noch etwas Sahne hinzu. Gleichzeitig würze ich aber mit Zitrone nach; denn Sahne ver-

mag vieles, kann aber nicht alles. Vor allem ist es ihr innigstes Bestreben, das ursprünglich kräftige Aroma zu besänftigen, abzumildern. Das muß ich verhindern. Deshalb in der letzten Minute vor dem Servieren noch einmal abschmecken und eventuell mit allem, was ich bisher gebraucht habe, nachwürzen.
Ganz zum Schluß schneide ich mit der Schere frischen (nur den!) Estragon in kleine Stücke und mische sie unter das Gemüse. Aber nicht so viel; denn so gut der Estragon zu den Erbsen und den Artischocken paßt, den Morcheln bekommt er weniger gut.
Mein Gemüseteller ist also leicht herzustellen, jedoch schwer zu würzen. Wie leicht kann er banal ausfallen – wie irgendein x-beliebiges Gemüse! Das aber wäre schade um die kostbaren Morcheln und ein Indiz dafür, daß ich etwas falsch gemacht habe. Das optimale Resultat jedoch schmeckt frisch und erfrischend, gleichzeitig edel-aromatisch und, es läßt sich nicht anders sagen: ganz schön extravagant.

Loup auf Fenchel

Von den Mittelmeerfischen ist der Loup (Seewolf) der schönste. Er sieht aus wie von einem Laien gemalt: so und nicht anders hat ein Fisch auszusehen! Daß er ein Raubfisch ist, ahnt man, wenn man den finster-drohenden Blick registriert, den er auch noch hat, wenn er schon ausgenommen ist. Der Loup ist nicht nur von eindrucksvoller Gestalt, er hat auch einen sehr schönen Geschmack. Auf den Speisekarten der besseren Restaurants ist er das Paradestück. Es bedarf allerdings auch eines guten Kochs, damit der schöne Fisch nicht in ein unschönes Malheur verwandelt wird. Denn sein Fleisch ist nicht sehr fest, was bedeutet, daß der Grat zwischen noch saftig und schon zu trocken sehr schmal ist. Einige Minuten zu lange im Ofen, und um seine Herrlichkeit ist es geschehen. Eine in den Mittelmeerküchen sehr beliebte und leider sehr schwierige Zubereitungsart ist das Grillen. Ich gehe bei diesem Rezept auf Nummer Sicher.

Die ideale Größe hat ein Drei-Portionen-Loup. Er wiegt ungefähr 1 Kilo und paßt gerade noch in meine ovale Bratform; meistens muß ich die Schwanzflosse abschneiden. Auf den Boden der Form (das kann eine Aluminiumreine sein oder eine aus Gußeisen) lege ich eine in Scheiben geschnittene Tomate. Die ist für die Sauce – wenn man den Bratsaft überhaupt Sauce nennen will. Ich salze leicht und lege darauf eine in sehr, sehr dünne Scheiben geschnittene Zwiebel und darauf eine Handvoll getrocknete Fenchelstengel. Die sehen aus wie dürres Reisig, und mit der Menge könnte man ein Kaminfeuer entzünden. Der Fenchel ist nicht nur das traditionelle Gewürz zum Loup, in diesem Fall soll er den Fisch auch vom heißen Boden der Bratform fernhalten. Ich wasche den Loup unter fließendem Wasser und salze ihn gründlich innen und außen. Dann lege ich ihn auf die Fenchelmatratze. Auf seiner Oberseite verteile ich einen gehäuften EL Tapenade.

Tapenade ist ein Püree aus schwarzen Oliven, Kapern und Anchovis, das es in Gläsern zu kaufen gibt. (Selbermachen ist mühsam und lohnt nicht.) Das Püree schmeckt nicht immer gleich; manchmal ist es stark,

manchmal schwach gesalzen; manchmal auch etwas bitter. Ich helfe in jedem Fall nach, indem ich eine frische Knoblauchzehe in die Tapenade presse und sie mit einigen Tropfen Olivenöl geschmeidiger mache, damit sie streichfähig wird.
Davon also 1 EL auf dem Loup verteilen. Dann den Fisch mit einer Tasse Olivenöl – kalt geschlagen, erste Pressung selbstverständlich – übergießen. Jawohl, eine Tasse, nicht weniger! Und jetzt den Fisch in die Mitte des 210 Grad heißen Backofens stellen. Nach ungefähr 10 Minuten reduziere ich die Hitze ein wenig, sagen wir auf 180 Grad. Insgesamt braucht der Loup eine halbe Stunde. Dann lassen sich die Flossen leicht aus dem Körper ziehen; daran sehe ich, ob er gar ist. Er darf aber keine deutlichen Spuren von Brandeinwirkung zeigen! Nun trage ich ihn in seiner Form an den Tisch. Jede andere Art der Beilage würde den wunderbaren, aber auch zarten Dreiklang von Fisch, Olivenöl und Fenchel stören. Außerdem ist das in den Bratsaft getunkte Brot an Köstlichkeit gar nicht zu übertreffen.

Erdbeerparfait

Das leichteste Dessert heißt: frisches Obst. Doch das gehört nicht in ein Kochbuch. An zweiter Stelle stehen verarbeitete Früchte. Während ihrer kurzen Saison sind Erdbeeren unbestritten die Nummer eins. Ich meine natürlich einheimische Erdbeeren. Nicht weil es deutsche sind, sondern weil sie nur über kurze Strecken transportiert werden müssen und deshalb erst in reifem

Zustand gepflückt werden. Hier ist ein liebliches Parfait, welches den Vorteil hat, daß ich es am Vortag herstellen muß. Für 4 Personen brauche ich:

400 g Erdbeeren
1/2 l Sahne
4 Eigelb
250 g Zucker
2 EL Kirschwasser

Ob im Mixer oder mit dem Elektroquirl – die Erdbeeren werden püriert und durch ein Sieb gestrichen. Dann schlage ich die Eigelb, bis sie cremig sind, und rühre den Zucker hinein. Ich schlage weiter, er löst sich auf, die Eier werden immer heller und schließlich dick. Ich gieße das Kirschwasser dazu. Diese Masse verrühre ich mit den pürierten Erdbeeren, schlage die Sahne steif und ziehe sie darunter. Zum Einfrieren fülle ich sie in die Form, die ich morgen auf den Tisch stellen will. Ich schiebe sie über Nacht ins Eisfach des Kühlschranks. Wahrscheinlich ist das Parfait am nächsten Morgen sogar zu hart, dann kommt es ins Gemüsefach.
Leicht hin, bekömmlich her – auf Sauce möchte ich nicht verzichten. Ideal wäre eine aus Walderdbeeren. Doch die sind rar. Also zerschneide ich ca. 150 g Erdbeeren und koche sie in Weißwein zu einem dickflüssigen Kompott. Sie werden durchpassiert und mit Zucker und nicht wenig Zitronensaft (bitte abschmecken) so weit eingekocht, bis sie eine sirupähnliche Konsistenz haben. Ob auch hier abschließend noch ein Schuß Kirschwasser untergerührt wird oder nicht, beeinflußt das Gelingen kaum. In Haushaltungen, wo die Eltern

befürchten, ihre Kinder könnten alkoholsüchtig werden, sollte man darauf verzichten. Parfaitsüchtig werden sie in jedem Fall.

Menü 2

Gemischter Salat mit heißen Kartoffeln
und Ziegenkäse
Grünkernrisotto mit Cidrekürbis
Kräuterkaninchen mit Zwiebeln
Kokoskuchen Calypso

Nicht nur der Salat ist gemischt, auch die Tischrunde darf es sein: Der Körnerfreak sitzt neben dem Kaninchenzüchter. Sie trauern mit dem Kleingärtner, der den großen Kürbis beigesteuert hat, welcher hier so klein zerschnitten wird. Passend zum Nachtisch spielt eine Steel-Band aus Jamaica.

Gemischter Salat mit heißen Kartoffeln und Ziegenkäse

Die benötigte Salatmischung darf auch den beliebten Kopfsalat enthalten, aber davon nur kleine, innere Blätter. Den Hauptanteil stellen Bataviasalat, Eichblattsalat und Löwenzahn. Und was sonst noch so grünt; sogar etwas Radicchio ist erlaubt. Aber bitte klein rupfen; seine Bitternis ist penetrant. Großstädter mit gut belieferten Märkten werden noch einige interessante Sorten finden, die ebenfalls passen. Eissalat, Chicoree oder Feldsalat gehören nicht dazu; die sind bei anderen Zusammenstellungen willkommen. Bei diesem Salatteller handelt es sich um eine frühlingshafte und daher leichte Mischung.
Also rupfen, waschen und trockenschleudern. Eine Vinaigrette zubereiten aus gehackter Schalotte, Estra-

gonessig, Senf, etwas Thymian, Salz, Pfeffer und einer durchgedrückten Knoblauchzehe. Zum Schluß mit Olivenöl aus der ersten Pressung auffüllen und verrühren.
Junge Kartoffeln so gründlich waschen und eventuell bürsten, daß man die Schale essen kann. In Salzwasser gar kochen. Heiß und ungeschält in Scheiben schneiden, auf Tellern anrichten, auf jede Scheibe ein Stück kräftigen, frischen Ziegenkäse legen (die Rollen mit der Aschenhaut!), darauf den Salat häufeln und mit der Vinaigrette übergießen.
Statt Ziegenkäse geht auch: in dünne, kurze Streifen geschnittener und ausgelassener Räucherspeck, der halbkross aus der Pfanne genommen und auf die Kartoffeln gelegt wird. In diesem Fall würde ich Rotweinessig für die Vinaigrette nehmen.

Grünkernrisotto mit Cidrekürbis

Bei dem Wort ›Grünkern‹ leuchten die Augen der Körnerfreunde auf. In der Tat bietet ihnen diese Vorspeise die beliebte Möglichkeit, genußvoll zu kauen. Und wenn man nach dem Geschmack beurteilen könnte, ob eine Speise gesund sei, dann wäre es dieser Risotto. Vermutlich ist er es sogar. Das bedeutet aber nicht, daß eingefleischte Gourmets jetzt ungeduldig weiterblättern müssen. Denn dieser Grünkernrisotto ist auch und vor allem eine Zierde für jede Feinschmecker-Tafel. Sein Geschmack hat eine unvermutete, schöne Frische; er ist eher appetitanregend als sättigend. Deshalb eignet er

Grünkernrisotto mit Cidrekürbis

Eine ungewöhnliche Kombination,
dennoch eine Zierde
für jede Feinschmeckertafel.

sich so gut als Vorspeise oder Beilage. Wer davon richtig satt werden will, braucht mehr als die doppelte Portion. Als Vorspeise für 4 Personen brauche ich:

300 g Grünkern. Grünkern ist eine Weizenart namens Dinkel. Ich brauche hier die ganzen Körner und nicht geschroteten oder gemahlenen Dinkel. Diese Körner weiche ich 24 Stunden in viel Wasser ein.

300 g Kürbis. Ob Flaschenkürbis oder die runde, gerippte Pumpkin-Sorte, das bleibt sich gleich. Das innere, orangerote Fleisch (und nur das wird gebraucht; darauf bezieht sich auch die Gewichtsangabe) entwickelt bei beiden Sorten eine erstaunliche Widerstandskraft gegen das Zerkochen. Diese Eigenschaft ist mir bei diesem Rezept willkommen.
Den geschälten und geputzten Kürbis schneide ich in sehr dünne Scheiben, welche ich wiederum mit dem großen Kochmesser in feine Stückchen hacke. Diese sollten kaum größer sein als die gequollenen Dinkelkörner. Da der Kürbis keine holzigen Stellen hat wie zum Beispiel Sellerie, geht das ziemlich leicht.

100 g geräucherter Bauchspeck ohne Rinde und ohne Knorpel. Am zweckmäßigsten sind die als Frühstücksspeck im Handel befindlichen dünnen Scheiben. Ich schneide sie in feine und kurze Streifen.
Der eingeweichte Grünkern wird gründlich gewaschen, die kleinen ›Schrotkugeln‹, die ich nicht zwischen den Zähnen haben möchte, suche ich heraus. In einem Schmortopf lasse ich in 1 EL Butter eine kleine, feingehackte Zwiebel anschwitzen, gebe die feuchten Körner hinzu und gieße soweit mit Wasser auf, daß sie eben bedeckt sind. Leicht salzen und wie Reis bei geschlossenem Deckel auf schwacher Hitze garen lassen.

In einem zweiten Topf koche ich den Kürbis. Für ihn brauche ich keine Zwiebel; ich nehme auch nur einen halben EL Butter und gieße ihn mit Cidre auf. Für dieses Rezept muß es ein ›Brut‹ sein, also mit spürbarer Säure und minimaler Süße. Eine Prise Salz, schwarzer Pfeffer aus der Mühle, dann den Deckel drauf und leicht köchelnd garen lassen.
Wie immer schmecke ich nach einer gewissen Zeit ab, also nach zehn oder dreißig Minuten. Kürbis hat wenig Eigengeschmack; es gilt also nachzuhelfen. Die Richtung ist bereits angedeutet: Cidre. Davon jetzt vielleicht noch mehr. Und eine Prise Zucker? Warum nicht. Ein Löffel Apfelessig *(vinaigre de cidre)* formt den Charakter ebenfalls. Salzen und pfeffern kann ich später, das eilt nicht. Doch bevor er mit dem Grünkern vermischt wird, muß der Kürbis seinen spezifischen Geschmack bekommen haben.
Grünkern braucht zum Garen genauso lange wie der Kürbis, nämlich ungefähr eine Stunde. Richtig weich sind dann beide nicht; dies ist, ich sagte es schon, eine Vorspeise für Bißfreudige. Ein Risotto ist keine asiatische Reisbeilage; er darf, er muß sogar etwas feucht sein. Sollten Grünkern und Kürbis jedoch suppig sein, lasse ich die überschüssige Flüssigkeit ohne Deckel verkochen. Dann werden sie vermischt.
Inzwischen habe ich die dünnen Speckstreifen in einer Pfanne in heißer Butter angebraten. Sie sollen nicht gerade knusprig werden, aber auch nicht mehr weich sein. Auf einem Küchenpapier werden sie entfettet, dann lege ich auf jede Portion Risotto 1 EL davon. Eine ungewöhnliche Kombination, aber nach dem ersten Bissen sofort einleuchtend: es schmeckt hervorragend!

Kräuterkaninchen mit Zwiebeln

Was mache ich mit einem halben Kaninchen? Ja, gewiß: Mit Senf und Sahne, in dieser klassischen Version der bürgerlichen Küche, schmeckt es immer am besten. Aber wer wird immer das sogenannte Beste kochen wollen? Es würde bald zum langweiligen Einerlei. Also eine Variation. Nicht das Gegenteil; aber andere Kräuter und eine andere Gewichtigkeit der auch hier nicht fehlenden Senf-und-Sahne-Kombination, und schon sieht die Sache anders aus.
Ein halbes Kaninchen wird immer ein zerteiltes Kaninchen sein. Das Hinterteil, also die beiden Keulen, ist für dieses Rezept am besten geeignet. Aber mit einem längs halbierten Kaninchen ist das Resultat kaum weniger befriedigend. Gottlob sind die Portionskaninchen fast alle aus Farmen, wo sie jung geschlachtet werden. Also keine alten Großkarnickel, welche die Zartheit der Jugend trotz aller Kochkünste nicht mehr auf den Teller bringen. Ob ich die beiden getrennten Keulen noch einmal am Gelenk halbiere oder nicht, das scheint mir nicht wichtig; im Zweifelsfall ist es aber vorzuziehen.
Die Zutaten für 2 Personen:

3 große Zwiebeln
frischer Thymian
frischer Salbei
1/8 l Sahne
1 EL Senf
1 1/2 TL Szechuan-Pfeffer
Rotweinessig

1 Glas Weißwein
1 EL Zitronensaft
6 Zehen Knoblauch
Butter
Olivenöl
Salz

In einem Schmortopf, der groß genug ist, daß alle Kaninchenteile nebeneinander Platz haben, lasse ich 1 EL Butter und ebensoviel Olivenöl heiß werden. Die geschälten Zwiebeln habe ich in so dünne Scheiben geschnitten, daß sie sofort in einzelne Ringe zerfallen. Ich lasse sie in dem heißen Fett andünsten, salze und gebe vom frischen Thymian zirka 1 EL dazu. Muß ich auf getrockneten zurückgreifen, dürfte 1 TL genügen. Auch der Szechuan-Pfeffer kommt in den Topf; er ist längst nicht so scharf wie sein Ruf. Für scharfe Mäuler darf es sogar noch 1 TL mehr sein. (Wo er nicht aufzutreiben ist, empfehle ich, schwarzen Pfeffer und Pimentkörner zu mischen und im Mörser grob zu schroten. Sie erfüllen – fast – denselben Zweck.)
Die Zwiebeln beginnen weich zu werden; Farbe sollen sie jedoch nicht annehmen. Jetzt lege ich die Kaninchenstücke in den Topf. Ich salze und lasse sie von allen Seiten leicht anbräunen, was ein wenig Geduld erfordert. Denn ich mache das alles nicht bei großer Hitze, auf die gerade Kaninchenfleisch allergisch reagiert: es wird dann sofort trocken.
Dann gebe ich die geschälten Knoblauchzehen hinzu, 6 Salbeiblätter, den Senf, den Essig, den Wein und lasse alles im ziemlich heißen Ofen (180 Grad) ohne Deckel

garen. Von Zeit zu Zeit werden die Fleischstücke gewendet; wahrscheinlich schütte ich Wein nach. Das Fleisch soll zwar nicht in Flüssigkeit kochen, andererseits dürfen die Zwiebeln nicht braun werden. Sie sollten zerkochen, nicht braten.

Nach ungefähr 40 Minuten bis 1 Stunde ist das Fleisch so gar, daß es sich von selbst vom Knochen löst. Jetzt gieße ich die Sahne an und den Zitronensaft, lasse einkochen, schmecke ab und gebe von allen Zutaten, die mir nicht kräftig genug erscheinen, noch etwas hinzu. Auf jeden Fall schneide ich zwei frische Salbeiblätter mit der Schere klein und streue sie in den Topf. Die Sauce ist ziemlich dickflüssig (das besorgen schon die Zwiebeln), und bei aller Säure, die ich ihr mitgegeben habe, hat sie gleichzeitig eine gewisse Süße. Dazu serviere ich Tagliatelle, frisch vom Italiener, also biegsam, schmiegsam. Und die brauchen eine kräftige Sauce!

Die Kombination von Thymian und Salbei widerspricht den klassischen Regeln des Würzens. Aber weder der wilde, mediterrane Thymian noch der bäuerlich-derbe Salbei sollen sich allein in den Vordergrund drängen. Deshalb hier die unübliche Partnerschaft. So frischen sie mein Kaninchen nur auf und erlauben es mir, dazu einen besseren Beaujolais zu trinken, einen Fleurie oder Chirouble.

Kokoskuchen Calypso

Diesen Kuchen backen die Bäcker in der Region von Saint-Tropez, und ich wundere mich, daß er nicht auch woanders populär ist. Es handelt sich um einen Mürbeteigboden mit einem Belag aus Kokosraspel und Ananas. Was mir schon deshalb so gut gefällt, weil dazu ein Banyuls oder ein Portwein, aber auch eine deutsche Beerenauslese oder eine Gewürztraminer-Spätlese wunderbar schmecken. Für eine flache Tortenform von 24 cm Durchmesser brauche ich:

Für den Mürbeteig:
180 g Mehl
140 g Butter
70 g Zucker
1 Eigelb
1 Prise Salz

Alle Zutaten miteinander verkneten und kühl ruhen lassen.

Für den Belag:
100 g Kokosflocken
2 Eier
100 g Zucker
70 g Sahne
0,1 l Milch
100 g kandierte Ananasstückchen
1 Zitrone
weißen Rum

Zuerst die Ananasstücke sehr fein hacken und in dem Saft der Zitrone und 4 EL Rum 1 Stunde marinieren. Ab und zu umrühren. Die Milch warm werden lassen und die Kokosflocken darin 20 Minuten einweichen.

Die Eigelb mit dem Zucker schaumig schlagen und mit der ungeschlagenen Sahne und den Kokosflocken vermischen. Die Eiweiß steif schlagen und unter die Masse ziehen.
Währenddessen den Mürbeteig ausrollen, in die Backform legen und andrücken. Überstehende Ränder mit dem Nudelholz abrollen. Den Boden mehrfach mit einer Gabel einstechen. Die Ananasstückchen darauf verteilen und die Kokosmasse darübergießen. Auf dem Boden des Backofens bei 180 Grad ungefähr 35 Minuten backen. Auskühlen und 12 Stunden durchziehen lassen: Unwiderstehlich!

Menü 3

Bunter Salat mit weißen Bohnen
Gratin von Mangoldstielen
Seeteufel mit Speck,
glasierten Zwiebeln und Kartoffeln
Portweinpflaumen

Na endlich: Fisch und Fleisch auf einem Teller – worüber ich mich oft genug geärgert habe, wenn andere das machen. Doch ist gebratener Speck überhaupt Fleisch? Und vorher dieses glühendheiße Gemüse, an dem ich mir immer die gierige Zunge verbrenne. Ist es da ein Wunder, daß ich mich an den leckeren Bohnen bereits satt esse? Ist es nicht. Denn die schmecken so gut, daß ein armer Mann sie auch ohne alles andere essen kann. Auf die Pflaumen zum Dessert will allerdings niemand verzichten, und es ist klar, warum.

Bunter Salat mit weißen Bohnen

Getrocknete, weiße Bohnen gehören zu den beliebten Ballaststoffen; deshalb habe ich beim Einkauf keine Schwierigkeiten. Ich bevorzuge die größte Sorte. Theoretisch reichen 300 Gramm für 4 Personen. Aber da sich der Salat mühelos aufheben läßt, warum nicht die doppelte Menge? Ich weiche die Bohnenkerne sechs oder acht Stunden ein (im Spätsommer, wenn sie frisch sind, brauchen sie weniger lang) und koche sie dann in einer kräftigen Gemüsebrühe. Also zusammen mit Karotten, Lauch, Zwiebel, Fenchel, Lorbeerblatt und

weißem Pfeffer. Garzeit ca. 1 Stunde, das muß man kontrollieren.
Währenddessen zerschneide ich eine gesäuberte gelbe Paprika in sehr kleine Würfel, dünste sie in der Pfanne in etwas Olivenöl an, gieße mit wenig Wasser auf, salze und gebe auch eine Prise Zucker hinzu. Kurz köcheln lassen, bis die Würfel gar, aber nicht zu weich sind.
Eine Handvoll schwarze Oliven entkernen und in grobe Stücke schneiden. Aber Vorsicht! Es gibt enorme Qualitätsunterschiede! Manche Oliven schmecken furchtbar, nämlich muffig oder bitter oder faulig. Da heißt es wählerisch einkaufen!
Sodann brauche ich eine Tasse Tomatenconcassée: die Tomaten überbrühen, enthäuten, halbieren, Kerne und das Weiche herausdrücken und das Fleisch in Würfel schneiden, die etwas größer sein dürfen als die vom Paprika. Salzen. Alle Zutaten vermischen und mit einer Vinaigrette aus Rotweinessig, Olivenöl, Thymian, Salz und grob geschrotetem schwarzen Pfeffer begießen. 30 Minuten ziehen lassen. Dazu geröstetes Brot!

Gratin von Mangoldstielen

Soweit mir bekannt ist, kann man Mangoldstiele allein bei uns nicht kaufen. Wenn Mangold, dann die kompletten Blätter, meinen unsere Gemüsehändler. Auch gut. Die grünen Teile verbrauche ich für eine Mangold-Linsensuppe (siehe mein Buch ›Frisch gewürzt ist halb gewonnen‹, S. 31 ff., erschienen im Wilhelm Heyne Verlag), für einen Risotto oder ähnliches. Irgendwie

bleiben die Stiele immer übrig. Das ist die Gelegenheit für diesen Gratin.
Die Stiele schneide ich in gleichmäßige, ungefähr 3 mal 4 Zentimeter große Stücke, wasche und blanchiere sie 10 Minuten in kochendem Salzwasser. Dabei sollen sie schon fast gar werden. Abschütten, mit kaltem Wasser abschrecken und gründlich abtropfen lassen.
Eine Gratinform ausbuttern, in der die Mangoldstiele nicht höher als zwei Fingerbreit liegen sollen. Dann rühre ich den für jeden Gratin notwendigen Kleister zusammen. Zuerst reibe ich 400 g Emmentaler Käse. Das ist der mit den Löchern, von dem die Kenner sagen, er sei mild, was gleichbedeutend mit fast geschmacklos ist. Daß er dennoch hier Verwendung findet, hat seinen Grund: Der Eigengeschmack der Mangoldstiele ähnelt dem des Spargels, nur fehlt dem Mangold dessen Bitterkeit. Und da diese Art von Spargelaroma sehr empfindlich auf grobe Reize reagiert, ist hier nur ein ›milder‹ Käse angebracht. Doch ganz so farblos, wie der Emmentaler meistens ist (die Ausnahmen sind selten und nur schwer aufzutreiben), sollte er hier nicht sein. Deshalb salze ich den geriebenen Käse leicht.
Gleichzeitig verrühre ich 1 Ei und 1 Eigelb mit einem viertel Liter Sahne, salze, würze mit nicht wenig geriebenem Muskat und einem Teelöffel grob geschroteten schwarzen Pfeffer. Von dem Grün des Mangolds habe ich ein Blatt aufbewahrt. Das schneide ich in sehr feine, kleine Streifen, ungefähr so groß wie der Krüllschnitt, den sich Pfeifenraucher in die Pfeife stopfen. Die werden mit der Käse-Sahne-Mischung verrührt (ja, der Käse kommt auch in die Sahne, was haben Sie denn gedacht?) und über die Mangoldstiele gegossen.

Wie bei jedem Gratin plaziere ich auf der Oberfläche jetzt eine Menge Butterflöckchen. Dann schiebe ich das Ganze auf die mittlere Schiene des auf Oberhitze eingestellten Backofens. Nach ungefähr 20 Minuten beginnt die Käse-Sahne zu stocken und hellbraun zu werden. Mein Gratin ist fertig. Eine leichte Speise, zu der merkwürdigerweise auch ein schwerer Wein paßt. Nämlich ein Meursault oder ein anderer Weißer von der Côte-de-Beaune.

Seeteufel mit Speck, glasierten Zwiebeln und Kartoffeln

Der Seeteufel (auch Anglerfisch oder Lotte genannt) gehört zu jenen Fischen, die fast keine Gräten haben, nur ein dickes Rückgrat. Sein Fleisch ist sehr fest und fällt auch beim Garen nicht auseinander. Es ähnelt in der Konsistenz einem Hummer, ist aber, im Gegensatz zu diesem, ziemlich unempfindlich. Also ein idealer Fisch für die Alltagsküche, wo man sich nicht mit kapriziösen Produkten aufhalten möchte. Da er vom Hummer zwar die Festigkeit, nicht aber den Geschmack hat und auch sonst weniger als andere Fische nach Meer schmeckt und riecht, ist es unbedingt notwendig, den Seeteufel mit kräftigen Aromen zusammenzubringen. Der bei diesem Rezept dominierende Geschmack ist der Speck, oder richtiger: die mit dem Speck zusammengebrachten, leicht süßlichen Zwiebeln.

Zunächst zum Fisch. 150 bis 200 Gramm ausgelöstes Filet pro Person genügen. Auch wenn der Fischhändler

Seeteufel mit Speck,
glasierten Zwiebeln und Kartoffeln

Es ist der Fisch,
der aus diesem fast rustikalen Gericht
eine eindeutige Delikatesse macht.

dazu keine Lust hatte, ist das Auslösen für mich kein Problem. So ein Rückenstück vom Seeteufel gleicht dem Rücken eines großen Kaninchens. Wie dieses hat auch der Seeteufel mehrere Häute, die ich abziehe; wie beim Kaninchen schneide ich die beiden Filets längs der Wirbelsäule heraus, und wie beim Kaninchen hängen daran dünne Fleischlappen. Da ich eine Katze habe, mache ich mir über deren Verwendung keine Gedanken.

Die ausgelösten Filets schneide ich in fingerdicke Medaillons, mariniere sie in Zitronensaft und Olivenöl und stelle sie beiseite.

Ich koche junge, gewaschene Kartoffeln, deren Schale so dünn ist, daß ich sie ungeschält essen kann. Das ist wichtig. Sodann schäle ich pro Portion 10 oder mehr kleine, runde Zwiebelchen. Wenn es die nicht gibt (sie sind nicht zu allen Jahreszeiten zu haben), nehme ich Schalotten, welche ich in vier Teile schneide. Diese werden in einer Kasserolle, wo sie nebeneinander auf dem Boden Platz haben, in reichlich Butter angedünstet. Mit Zucker bestreuen (für 2 Portionen 1 gehäufter Teelöffel), häufig schütteln, und wenn sie anfangen Farbe anzunehmen, mit einem halben Glas Weißwein ablöschen. Einige Korianderkörner in der Pfeffermühle mahlen und anstreuen. Zudecken und zirka 10 Minuten köcheln lassen. Dann die Flüssigkeit ohne Deckel verkochen lassen, so daß sich die Zwiebelchen mit einer feinen Glasur überziehen. Warm stellen.

Pro Portion 50 g geräucherten und durchwachsenen Speck in sehr dünne und sehr kleine Streifen schneiden. In einer großen Pfanne mit etwas Butter anbraten und unter häufigem Rühren ausbraten lassen, ohne daß die

Speckstreifen richtig knusprig werden. Das dauert einige Minuten. Danach nehme ich den Speck aus der Pfanne und deponiere ihn in einer kleinen Schüssel. In der gleichen Pfanne brate ich bei verstärkter Hitze und unter Zufügung von Olivenöl die leicht gesalzenen Fischmedaillons an. Das muß kurz und schmerzlos gehen. Die Medaillons sollen auf beiden Seiten nur leicht angebräunt sein, mehr nicht. Die Speckstreifen und dann auch die Zwiebeln mit all dem Saft, den sie unter sich gebildet haben, zu den Fischstückchen in die Pfanne geben. Das Ganze vom Feuer nehmen.
Die garen Pellkartoffeln habe ich inzwischen in nicht zu dicke Scheiben geschnitten und diese ringförmig auf den Tellern angerichtet. Mit grobem Salz bestreuen. In die Mitte des Kartoffelrings plaziere ich die Medaillons mit dem Speck und den Zwiebelchen und serviere.
Beim Essen denke ich, daß Speck, Zwiebeln und Kartoffeln eigentlich die Hauptsache sind. Der Fisch in seiner Bescheidenheit liegt zwar in der Mitte, macht sich aber weniger bemerkbar als die wunderbar aromatischen Beilagen. Dennoch: Ohne Seeteufel geht's nicht. Letzten Endes ist es doch sein Einfluß auf das Gesamtaroma, der aus diesem fast rustikalen Gericht eine eindeutige Delikatesse macht.

Portweinpflaumen

300 Gramm große, halbtrockene Dörrpflaumen mit Stein (bevorzugte Sorte: Pruneaux d'Agen) in einen Kochtopf legen, mit Portwein aufgießen, ohne die

Pflaumen ganz zu bedecken. Unter den Portweinsorten ist Tawny Port die geeignetste, weil er nicht so süß ist wie ein Ruby und nicht so dünn wie ein Dolorosa.
Eine größere Prise Zimt, 4 Gewürznelken und ein haselnußgroßes, fein gehacktes Stück frischen Ingwer dazugeben. Zum Kochen bringen und 5 Minuten köcheln lassen. Mit einem kräftigen Rotwein auffüllen (Côte-du-Rhône, Madiran, Bandol). Jetzt müssen die Pflaumen bedeckt sein. Noch einmal 5 Minuten köcheln, dann abkühlen lassen.
Das Entscheidende bei diesen Portweinpflaumen ist die nur dezente Süße, welche zusammen mit den Gewürzen aus den Trockenpflaumen ein frisches und erfrischendes Dessert macht. Deshalb probiere ich die Pflaumen, bevor ich sie verarbeite; je nach Herkunft sind sie unterschiedlich süß. Je süßer sie sind, um so weniger Portwein nehme ich. Die Säure des Rotweins sollte herauszuschmecken sein. Wenn Kinder sich zweimal davon nehmen, ist mein Dessert zu süß geraten.
Die Kochzeit richtet sich ebenfalls nach der Pflaumensorte. Manche werden früher, manche später weich. Weich sollen sie werden, aber nicht zerkochen! Wer auf die Leichtigkeit dieser Nachspeise pfeift, ißt sie mit Vanilleeis. Schmeckt ausgezeichnet – leider!

Menü 4

Zwiebelkuchen mit grünem Pfeffer
Consommé mit Morcheln
Ochsenschwanz in warmer Vinaigrette
Ananaskompott mit Ingwer

Ein Tribut an die Deutsche Küche, an die Zwiebel, den Ochsenschwanz und unsere Vorliebe für Suppen. Dennoch keine Gelegenheit, sich den Bauch vollzuschlagen; auch bildet die Suppe nicht den ersten Gang, weil sie zu fein ist, um von hungrigen Mäulern verschlungen zu werden. Statt dessen die wundersame Verwandlung banaler Produkte in ungewohnte Delikatessen. Als Dessert, damit's nicht gar so patriotisch wird, ein exotischer Schlußpunkt.

Zwiebelkuchen mit grünem Pfeffer

500 g Zwiebeln schälen, halbieren und in hauchdünne Scheiben schneiden. 1/2 rote Paprika in dünne Streifen schneiden und diese wiederum in gleichmäßig kleine Stückchen hacken. Einen Mürbeteigboden herstellen (aus 250 g Mehl, 125 g Butter, 1 Ei und etwas Salz). Kühl lagern.

Die Zwiebeln in Butter anschwitzen und mit einem trockenen Weißwein aufgießen; salzen. Nach zehn Minuten die Paprikastückchen dazugeben und alles zugedeckt weichkochen lassen. Von Zeit zu Zeit kontrollieren, daß die Zwiebeln nicht anbrennen, eventuell etwas Wein nachgießen. Wenn sie nach 20 bis 30 Minuten gar sind, sollten sie so trocken wie nur möglich sein.

Den Teig ausrollen und in eine runde Backform von 26 cm Durchmesser einlegen, überstehende Ränder mit dem Nudelholz wegrollen. Darauf die Zwiebeln gleichmäßig verteilen.
Nun verrühre ich 200 g Sahne mit 2 Eiern, salze die Mischung und würze mit 2 TL getrocknetem grünen Pfeffer, den ich flüchtig im Mörser zerkleinere. Diese Mischung gieße ich über die Zwiebeln und schiebe den Kuchen auf den Boden des auf 180 Grad vorgeheizten Backofens. Mit Alufolie abdecken. Diese nach 15 Minuten entfernen und weiterbacken. Wenn die Sahne stockt und die Zwiebeln leicht gebräunt sind, sollte auch der Teigboden gar sein. Wenn nicht, wird noch einmal mit Alufolie abgedeckt und weitergebacken. Heiß servieren.
Zu diesem Zwiebelkuchen schmecken *alle* deutschen Weißweine.

Consommé mit Morcheln

Eine Consommé ist eine klare, entfettete und doppelt konzentrierte Rindfleischbrühe, eine Ochsenschwanzsuppe ohne Madeira. Sie herzustellen muß hier wohl nicht extra beschrieben werden. Bei den Morcheln handelt es sich, wie immer, um getrocknete Exemplare. Für jede Portion sind nur drei bis vier Stück vorgesehen; sie sollten deshalb gleichmäßig groß sein. Sie werden, wie das beim Menü 1 ausführlich beschrieben wurde, sehr gründlich gewaschen und dann in dem Einweichwasser mit etwas Portwein, aber ohne Sahne gargekocht. Damit sie sich in der Suppentasse (welche hier angebrachter ist als ein Teller) nicht so allein fühlen, koche ich in etwas Weißwein einige hellgrüne Lauchjulienne (das sind die streichholzdünnen und ebenso langen Gemüsestreifen aus der Dekorationsabteilung der Feinen Küche), welche ich zusammen mit den Pilzen in den Suppentassen unterbringe, bevor ich die Consommé aufgieße. Das klingt sehr einfach. Aber wenn die Fleischbrühe nicht alle anderen Fleischbrühen vergessen läßt, die sich früher auf meinem Tisch breitgemacht haben, dann war's nicht perfekt. Sonst aber: klassisch, streng und edel! Der Nachteil: Dazu paßt kein Wein.

Ochsenschwanz in warmer Vinaigrette

»Aus einem Ochsenschwanz kann der größte Koch nichts Anständiges machen!« Der mir das sagte, ist selbst ein prominenter Koch. Es ist also möglich, daß er vor allem seine Kollegen im Visier hatte, die in ihren edlen Restaurants dieses erzbürgerliche Knochenfleisch – oder diese Fleischknochen, das wäre nicht weniger richtig – auf die Karte setzen. Tatsächlich habe ich auch bei den feinsten Adressen den Ochsenschwanz nie als bemerkenswerte Delikatesse empfunden. Das Fleisch war *immer* faserig und meistens auch noch hart. Doch in anderer Umgebung, eben in der bürgerlichen Küche, hat so ein Ochsenschwanz seine Berechtigung, zumal er nicht teuer ist. Die folgende Version ist der trotzige Versuch, der Gewöhnlichkeit des Fleisches doch noch eine delikate Seite abzugewinnen.

Von einem Ochsenschwanz ist nur der obere, fleischige Teil zu gebrauchen, der noch einen entsprechenden Umfang hat. Der restliche, dünne Teil taugt nur für Suppen und Fonds. Für vier Personen benötige ich zweimal 5 bis 6 Scheiben vom oberen Ende, also von zwei Schwänzen. Wenn es der Metzger nicht schon getan hat, schneide ich die daran hängenden großen Fettbrocken weg; kleinere Fettreste stören nicht. In einem großen Suppentopf mit kaltem Wasser aufsetzen und zum Kochen bringen. Nur wenige Minuten kochen lassen, dann das gesamte Wasser mit dem grau-braunen Schaum, der sich an der Oberfläche gebildet hat, abgießen. Neues Wasser in den Topf, wieder aufkochen, die Temperatur herunterschalten, so daß das Wasser nur noch leise simmert. Hinein kommen:

2 Zwiebeln
10 Gewürznelken
1 große, in Stücke geschnittene Karotte
1 Petersilienwurzel
1 Lorbeerblatt
1 TL weiße Pfefferkörner
Salz

Mindestens 4 Stunden köcheln lassen. Das verkochende Wasser von Zeit zu Zeit erneuern und den sich eventuell an der Oberfläche noch bildenden Schaum abschöpfen. Bis hierhin gleichen sich alle Ochsenschwanz-Rezepte. Praktischerweise erledige ich diese Arbeit am Tag vorher. Das gibt mir die Gelegenheit, am nächsten Tag das Fett von der kalten Brühe abzunehmen. Denn obwohl ich für dieses Rezept nur wenig von

Ochsenschwanz in warmer Vinaigrette

Der nachahmenswerte,
trotzige Versuch,
der Gewöhnlichkeit des Fleisches
doch noch eine
delikate Seite abzugewinnen.

ihr brauche, wird eine derartig feine Brühe ja nicht weggegossen!
Nun kommt die Stunde, da ich das scheinbar Unmögliche versuche. Das beginnt mit sehr sorgfältiger Feinarbeit: Ich nehme die gargekochten Fleischscheiben (mit dem Knochen in der Mitte) aus der Brühe und zerlege sie in ihre Bestandteile. Und zwar so, daß mir nur das magere Fleisch übrigbleibt, das ich meinen Gästen anzubieten wage. Alles andere, der Knochen, das Fett, die Knorpel und Häute werden für die Haustiere des Nachbarn unbarmherzig ausgesondert. Es bleibt mir nur ein enttäuschend kleines Häufchen mageren Fleisches – besser gesagt: kurzer Fleischfasern. Beim Auseinanderfieseln der Schwanzstücke habe ich die härtesten der Fasern vorsichtshalber ebenfalls aussortiert.
Jetzt siebe ich die Brühe durch und lasse sie einkochen, so daß ein einmalig kräftiger Fond entsteht. Hinein hänge ich ein Sieb mit den ausgesuchten Fleischstückchen. Sie sollen wieder heiß werden und es bleiben, mehr nicht. In einem kleinen Töpfchen lasse ich von dem Fond eine Suppenkelle voll heiß werden, gebe etwas Essig dazu, ein wenig Senf, salze eventuell nach, drücke, wenn ich es mag, eine frische Knoblauchzehe hinein und verrühre das alles mit Olivenöl. Es handelt sich also um die Herstellung einer Vinaigrette, nur daß sie hier nicht kalt, sondern warm sein muß. (Was ich gegebenenfalls fördere, indem ich das Töpfchen auf die Herdplatte setze, ohne aber die Vinaigrette zum Kochen zu bringen.)
Jetzt brauche ich Spinat; 2 Händevoll genügen für 4 Personen. Er wird gewaschen und ganz kurz in Salzwasser blanchiert. Dann in einem Durchschlag oder

Sieb abtropfen lassen; aber nicht abschrecken wie sonst. Nun brauche ich eine runde, möglichst flache Form mit einem Durchmesser von ungefähr 10 Zentimeter. Ein Blechdeckel oder ein Aschenbecher – irgendetwas rundes. Dahinein lege ich eine Schicht Spinatblätter, welche ich vorher – das ist wichtig! – auf Küchenkrepp abgetrocknet habe. Ich pfeffere sie aus der Mühle. Darauf eine Schicht heißes Ochsenschwanzfleisch, das ich mit 1 EL der warmen Vinaigrette befeuchte. Jetzt bedecke ich das Ganze mit einer zweiten Schicht Spinatblätter. Ich habe also einen in Spinat eingehüllten Fleischkuchen. Ich drücke ihn leicht zusammen und stürze ihn auf einen Teller. Noch einen Eßlöffel von der Vinaigrette darüber, und fertig.
Zwei, drei solcher Portionen kann ich auf diese Weise hintereinander herstellen; von vier Portionen an ist es jedoch ratsam, die fertigen Teller in den heißen Backofen zu stellen, damit der erste Teller nicht schon kalt geworden ist, wenn ich mit dem letzten fertig bin.
Irgendwie ist aus dem verleumdeten Ochsenschwanz durch diese Zubereitung eine ziemlich raffinierte Speise geworden, die mehr Arbeit gemacht hat, als ich anfangs glaubte. Aber ebenso unerwartet ist das Ergebnis: Der angeblich so untaugliche Ochsenschwanz hat sich nun doch in etwas ›Anständiges‹ verwandelt.

Ananaskompott mit Ingwer

Für dieses Dessert brauche ich die dritte, weitgehend unbekannte Ananassorte. Die erste tritt in gleichmäßig dicken und gleichmäßig gelben Scheiben ohne Rinde auf, welche ein Loch in der Mitte haben. Das ist die beliebteste Sorte, was auf ihren raffinierten Metallgeschmack zurückzuführen ist. Denn diese Scheiben stammen aus der Dose. Die zweite Sorte ist von der Hausfrau mühsam aus der frischen, großen Ananasfrucht herausgeschnitten worden und landet kleingeschnitten, zusammen mit Erdbeeren, Kirschen, Kiwis und anderen Dummheiten, in der Salatschüssel. Da der Hausherr, sobald er unbeobachtet ist, ein großes Glas Kirschwasser dazugießt, kann der Fruchtsalat ganz lustig werden. Meine Ananas war auch frisch. Doch dann habe ich sie zusammen mit frischem Ingwer gekocht. Ein Kinderspiel. Doch vorher müssen sie geschält werden, die Ananas und der Ingwer, und das hat seine Tücken.

Beginnen wir mit der Ananas. Am praktischsten ist es, sie mit einem schweren Messer oder einer Küchensäge quer in dicke Scheiben zu schneiden: kleinfingerdick. Jetzt läßt sich die Schale besser abschneiden als von der großen Frucht. Da wir alle sparsam sind, lassen wir zumeist die ›Augen‹ dran. Doch die sind noch unansehnlicher als die Augen der Kartoffeln, deshalb schneide ich sie heraus. Das ist lästig. Und innen, diese verhärtete Mittelachse, die muß auch weg. Dann werden die Scheiben in mundgerechte aber nicht zu kleine Stücke zerteilt.

Von einer frischen Ingwerwurzel brauche ich ein walnußgroßes Stück. Wenn ich es abschneide, merke ich, ob ich eine holzige Stelle erwischt habe. Die hat der Ingwer nämlich in sich, unsichtbar von außen und leider ungenießbar. Das Ingwerstück wird vorsichtig geschält. Es soll hellgelb sein; ockerfarbige Stellen sind trocken und faserig, die werden weggeschnitten. Was mir übrigbleibt – wie gesagt: walnußgroß – schneide ich in sehr feine Scheiben. Manchmal halbiere ich die, manchmal nicht. Ich vermische den Ingwer mit den Ananasstückchen, gebe eine halbe Tasse Wasser dazu und einen halben Teelöffel Orangenmarmelade. Zum Kochen bringen und zugedeckt ungefähr eine halbe Stunde köcheln lassen.

Es kann sein, daß ich eine ziemlich unreife Ananas erwische, eine saure Jungfer, die den langen Transport verschlafen hat, anstatt nachzureifen. Dann gebe ich zusätzlich noch 1 TL Zucker dazu. Und sollte sie überhaupt wenig Geschmack haben, etwas Zitronensaft. Orangenmarmelade aber immer nur wenig. Wenn man sie hinterher herausschmecken kann, dann war's zu viel. Ahnen soll man sie, mehr nicht.

Nach einer halben Stunde ist übrigens die Ananas noch genauso fest wie vorher. Vielleicht kann man sie überhaupt nicht weich kochen; ich habe die Geduld dazu nie aufgebracht. Wozu auch? Sie soll ja nicht weich werden. Während des Köchelns sollen lediglich die verschiedenen Aromen sich gegenseitig durchdringen. Ich serviere sie etwas abgekühlt, aber niemals kalt. Und wenn niemand zuschaut, gieße ich mir in meine Portion einen doppelten Grappa oder Marc.

Eine letztlich bescheidene Nachspeise, die aber zusätzlichen Reiz entwickelt, wenn man sie als Beilage zu Sandkuchen ißt oder zur Mousse au chocolat!

Menü 5

Champignon-Pfannkuchen
Klare Hühnersuppe
mit Glasnudeln und Wakame
Courgetten-Gratin
Heiße Banane mit Pinienkernen
und Marc

Wieder einmal steht die Suppe nicht am Anfang, sondern im Mittelpunkt des Menüs. Das hat nicht nur praktische Gründe (sie läßt sich weitgehend vorbereiten, die Crêpes nicht), sondern räumt ihr verdientermaßen den besseren Platz ein. Wäre sie noch chinesischer, als sie durch die Eßstäbchen bereits ist, müßte sie sogar ans Ende. Das aber hielte die Banane im Kopf nicht aus.

Champignon-Pfannkuchen

Einen Pfannkuchenteig herstellen aus:

3 Eiern
1/2 Tasse Milch
2 gehäuften EL Mehl
Salz
Pfeffer
einer durchgepreßten Knoblauchzehe
2 EL Petersilie

Möglichst große Champignons putzen, nicht waschen. Den Stiel mit der linken Hand waagrecht halten (Linkshänder machen's umgekehrt) und den Pilz mit einem scharfen Messer in dicke Scheiben schneiden. Lamellen und Stiel werden nicht verwertet. Die Pilzscheiben mit

Zitronensaft beträufeln. Nach meiner Erfahrung gibt es außer Trüffeln keine Pilzsorte, deren Aroma sich nicht durch Zitrone verstärken ließe.
Nun brauche ich eine kleine Crêpepfanne. Ich weiß genau, daß an dieser Stelle der größte Teil meiner Leser zusammenzuckt. Sie haben weder eine kleine noch eine große Crêpepfanne, sie haben überhaupt keine. In Haushaltungen, wo Pfannkuchen nur ein-, zweimal im Jahr gemacht werden, ist das auch verständlich. Aber wo Kinder sind, oder Erwachsene sich ungeniert zu ihrer Schwäche für Pfannkuchen bekennen, da muß eine Spezialpfanne her. Das Spezielle ist, daß in ihr nichts anderes als Pfannkuchen gebacken werden. Es gibt sie überall und in allen Größen, und sie erleichtern das Backen von Crêpes enorm. Denn so primitiv ein Pfannkuchen auch sein mag, seine Zubereitung ist gar nicht so einfach, wenn man die Steak- und Kartoffelpfanne dafür benutzt.
Also: Eine großzügige Portion Butter in der Pfanne heiß werden lassen und die Pilzscheiben dicht nebeneinander einlegen. Mit grobem schwarzen Pfeffer und Salz würzen. Anbraten lassen, bis die Butter braun zu werden beginnt. Dann Teig darübergießen. Der soll die Pilzscheiben aber nicht bedecken! Sie sollen vom Teig eingehüllt sein, aber nicht unter ihm verschwinden. Die Hitze herunterschalten oder, da das nur bei Gas schnell wirkt, die Pfanne auf eine andere, weniger heiße Herdplatte stellen. Backen lassen, bis die Ränder des Pfannkuchens braun werden.
Im Gegensatz zum normalen (süßen) Pfannkuchen wäre es hier schädlich, die Pfanne häufig zu schütteln, damit der Teig nicht anbrennt. Das Schütteln bewirkt

bloß, daß die Pilzscheiben übereinanderrutschen und in der Pfanne das Chaos ausbricht. Statt dessen lupfe ich den Crêpe mit einem Pfannenmesser an, um nachzusehen, ob er von unten braun genug ist. Dann drehe ich ihn herum. Beim ersten Pfannkuchen mißglückt das fast immer. Die Pfanne und der Koch müssen sich erst aneinander gewöhnen. Beim zweiten Mal klappt's schon besser, danach ist es der reine Spaß. Wenige Sekunden später ist alles fertig. Sofort aus der Pfanne auf den Teller gleiten lassen. (Wo der Pfannkuchen problemlos drei Minuten ruhen kann. In dieser Zeit habe ich bereits den nächsten fertig.)
Um es noch einmal zu sagen: Der simple Pfannkuchen gehört tatsächlich nicht zu den Großtaten der Feinen Küche; aber seine Herstellung ist trotzdem kein Kinderspiel. Deshalb diese scheinbar unnötig ausführliche Beschreibung.

Klare Hühnersuppe mit Glasnudeln und Wakame

Das klingt sehr asiatisch, und tatsächlich sind die Nudeln und das Wakame Bestandteile der fernöstlichen Küche. Aber letzten Endes handelt es sich hier um nichts anderes als um unsere gute, alte Hühnersuppe. Allerdings eine von der feinen Art.
Meine Vorliebe für das Suppenhuhn dürfte sich inzwischen herumgesprochen haben. Nach meiner Meinung kommt kein anderes Huhn seinem Geschmack gleich,

weil es sich um den echten, den eigentlichen und unverwechselbaren Hühnergeschmack handelt. Das Problem ist der Einkauf; denn Suppenhühner gibt es in den unterschiedlichsten Qualitäten, vom ausgemergelten Magerhuhn bis zur fetten Henne. Letzere ziehe ich sogar einem Bresse-Huhn vor. (Welches allerdings für die Suppe sowieso nicht geeignet ist.)
Also ein großes, fettes Suppenhuhn sanft und schonend 2 Stunden in Salzwasser auskochen. Zweieinhalb Stunden kann das auch dauern, man sieht's daran, daß sich das Fleisch am Unterschenkel abzulösen beginnt. Danach wird das Huhn total enthäutet und das Fleisch von den Knochen gelöst. Die Hälfte davon verwende ich für eines der unzähligen Reisgerichte, für die das Huhn offenbar speziell geschaffen wurde.
Die andere Hälfte hebe ich in der Brühe bis zum nächsten Tag im Kühlschrank auf, damit ich diese leicht entfetten kann. Nun brauche ich pro Portion 3 Blätter Wakame. Das ist eine Algenart, die es nur in getrocknetem Zustand (lose oder in Päckchen) zu kaufen gibt. Dann sieht so ein Blatt aus wie eine krause, getrocknete Lorchel.
Ich weiche die Blätter in lauwarmem Wasser ein, 30 Minuten mindestens, es kann aber auch länger dauern. Dabei verändern sich die Algen, sie strecken sich, werden riesig und bekommen ein schöne, braune Farbe, bis sie aussehen wie mißratene Eichenblätter aus Plastik. Ich wasche sie und schneide den Stielansatz, den man deutlich fühlt, heraus. Es heißt, sie seien reich an Vitaminen und kalorienarm. Wie sie schmecken, ist schwer zu beschreiben; ein ausgeprägtes Aroma haben sie jedenfalls nicht. Deshalb nehme ich jetzt von der Hüh-

Klare Hühnersuppe mit Glasnudeln und Wakame

In ihrer Eleganz ähnelt die Suppe einem kapriziösen Cocktail: ein falscher Schnaps, und die Pracht ist dahin.

nerbrühe soviel ab, daß ich die Wakame darin gar kochen kann. Das dauert ungefähr 40 Minuten.
Ferner brauche ich für 4 Personen:

1 dicke Stange Lauch, die längs geviertelt und dann in sehr dünne Stücke geschnitten wird.

2 mittelgroße, geschälte Karotten, in sehr dünne Scheiben geschnitten. (Sind es dicke Exemplare, werden sie vorher halbiert.)

1 Handvoll chinesische Reisnudeln. Das sind fast durchsichtige (deshalb auch Glasnudeln genannt) grauweiße, schmale Bandnudeln, welche beim Kochen sehr aufgehen, deshalb sollen es nicht so viele sein.

1/2 TL feingehackter frischer Ingwer.

Bevor jetzt die Endphase beginnt, schmecke ich die Hühnerbrühe sehr sorgfältig ab. Sie muß kräftig schmecken. Denn nun werden die Einlagen darin gekocht, und die verbrauchen vom Salz ja nicht wenig. Lauch und Karotten zuerst hinein, 10 Minuten kochen lassen, dann die Nudeln und der Ingwer. Das Hühnerfleisch habe ich in mundgerechte Stücke geschnitten. Es kommt zusammen mit den Wakame (welche nicht zerkleinert werden) erst zum Schluß zum Aufwärmen in die Suppe.
Ich schmecke ab und bete zum Suppengott, daß ich nicht nachwürzen muß. Zwar ließe sich die Brühe mühelos nachsalzen, aber woher sollen die Zutaten dann ihr Aroma kriegen? Wenn schon die Qualität des Suppenhuhns so wichtig war, dann ist es die Würzung der Suppe nicht minder. Gewiß wird die sehr gut schmecken. Aber wenn sie perfekt ist, sind andere Bezeichnungen angebracht, hymnische Beschreibun-

gen, die erkennen lassen, daß ich es hier mit einer unerwartet köstlichen Delikatesse zu tun habe.
Dazu brauche ich jedoch eine letzte Zutat: Portionsschüsseln statt Teller und Stäbchen anstelle der Löffel. Das klingt ziemlich prätentiös, ich weiß. Aber diese feine Suppe mit dem Löffel zu schlabbern, als wär's eine Linsensuppe, das wird ihrer subtilen Delikatesse nicht gerecht. Ganz anders aber, wenn ich zunächst mit den Eßstäbchen die festen Bestandteile herausfische und die Suppe dann – ja, das muß sein! – aus der Schale schlürfe. Man muß beides ausprobieren, um den Unterschied zu erkennen. Mehr ist dazu nicht zu sagen. Höchstens noch eine Warnung: Bei diesem Rezept bitte nicht kreativ werden! Also keine weiteren Gemüse, kein Gewürz, das hier nicht aufgeführt ist. In ihrer Eleganz ähnelt die Suppe einem kapriziösen Cocktail: ein falscher Schnaps, und die Pracht ist dahin.

Courgetten-Gratin

Courgetten heißen auch Zucchini; es sind hübsche Gurken, die nach nichts schmecken. Das liegt nicht daran, daß sie zum größten Teil aus europäischen Treibhäusern stammen, sondern an ihrem Naturell: hübsch und nichtssagend. Dennoch sind sie in der leichten Küche willkommen, weil sie einfach zu bearbeiten und problemlos zu kochen sind. Und für den fehlenden Geschmack habe ich meine Gewürze. Ein Maximum an Delikatesse erreichen sie in überbackenem Zustand, ähnlich der Kartoffel. Daß sie viel weniger deftig sind als diese, ist sogar ein Vorteil.

Für 4 Personen brauche ich:

800 g Courgetten
200 g gekochten Schinken
3 Eier
200 g geriebenen Gruyère
1/4 l Sahne
2 EL Crème fraîche
Muskat
schwarzen Pfeffer
Salz

Die Courgetten waschen, die Enden wegschneiden und ungeschält auf einem Gemüsehobel in 5 Millimeter dünne Scheiben schneiden. Das ist so dick wie zwei aufeinandergelegte 10-Francs-Stücke oder, wenn Sie die Courgetten lieber Zucchini nennen, etwas dicker als zwei 500-Lire-Münzen.
Die Eier und die Sahne werden in einer Schüssel verquirlt, die so groß ist, daß auch noch die Gurkenscheiben hineinpassen. Die Sahne-Eier-Mischung salzen und pfeffern. Letzteres dosiere ich nach Laune; beim Salzen denke ich jedoch daran, daß die Courgetten ziemlich viel Salz brauchen, um ihre Fadheit zu verlieren. Etwas Muskat kommt auch hinein, und wenn die Sahne ein deutliches Aroma hat, schütte ich die Gurkenscheiben dazu.
Inzwischen habe ich eine ovale Gratinform von 32 Zentimetern Länge ausgebuttert. Nehme ich eine rechteckige Form, darf sie etwas kürzer sein. Das Gemüse soll nicht hoch übereinander liegen; je flacher ein Gratin, um so besser. (Das gilt auch für Kartoffeln.) Den

gekochten Schinken habe ich mir vom Metzger in zwei dicke Scheiben schneiden lassen; denn ich will ihn ja würfeln. Nun gibt es sehr verschiedene Qualitäten beim gekochten Schinken. Die meisten – ich weiß nicht, warum das so ist – sind zu salzig und zu trocken. Darauf also achte ich beim Einkauf. Und die Fettränder schneide ich weg. Das, was übrigbleibt, muß 200 g wiegen – nicht das, was mir der Metzger verkauft! Und das wird klein gewürfelt. Nun fische ich die Hälfte der Courgetten aus der Sahne und lege sie auf den Boden der Form. Darauf streue ich die Schinkenwürfel, darauf den Rest der Courgetten. Auf diese kommt der geriebene Gruyère. Da ich ihn selbst gerieben habe und da er nicht trocken ist wie Parmesan, besteht die (scheinbar große) Menge aus kurzen, etwas feuchten Fäden. Das heißt, er wird nicht gestreut, sondern gleichmäßig auf dem Gemüse ausgebreitet. Darüber gieße ich die in der Schüssel verbliebene Eiersahne. Sie soll sichtbar werden, die Courgetten aber nicht bedecken. Auf der Käseschicht verteile ich die Crème fraîche und schiebe das Ganze auf die unterste Sprosse des heißen Backofens. Die Garzeit beträgt erstaunlicherweise 90 Minuten, ist also länger als beim Kartoffelgratin. Wird der Käse frühzeitig braun, decke ich ihn mit Alufolie ab. Irgendwann ziehen die Gurkenscheiben Wasser, und mein Gratin verwandelt sich vorübergehend in eine recht suppige Angelegenheit. Doch auch das geht vorüber; und plötzlich ist er so, wie ich ihn mir vorgestellt habe: Die Oberfläche ist appetitlich braun, die Courgettenscheiben haben ihren gemüsigen Charakter verloren und Geschmack angenommen, die Sahne ist gestockt. Ich serviere ohne jede Beilage. Vier Personen werden im Handumdrehen damit fertig und freuen sich aufs Hauptgericht.

Heiße Banane mit Pinienkernen und Marc

In einem kleinen, trockenen Pfännchen 1 EL Pinienkerne leicht anrösten, dann 1 EL Butter und 1 1/2 TL Zucker dazugeben. Wenn die Zuckerbutter Farbe annimmt, also leicht karamelisiert, lege ich die einmal quer und einmal längs geteilte Banane in den heißen Karamel. Kurz braten lassen, herumdrehen.
Auch wenn hier von ›braten‹ die Rede ist, sollen weder die Banane noch die Pinienkerne wirklich gebraten werden. Dabei würde die karamelisierende Butter hart werden, und das darf nicht geschehen.
1 Gläschen Marc, Trester oder Grappa angießen. Dessen Alkohol soll verkochen, seine Flüssigkeit den zäh werdenden Karamel wieder flüssig machen und sein Aroma der Banane die besondere Delikatesse geben. Heiß servieren.
Wichtig ist hier die Qualität der Banane. Die weitverbreitete Hartholzbanane wird bei allen Bemühungen kein erstklassiges Dessert werden. Es muß schon eine sein, deren Schale fleckig ist, die innen aber noch nicht matschig oder angefault sein darf. Und süß muß sie sein. Bei zurückhaltenden Gourmets reicht eine Banane für zwei Personen. Hemmungslose Genießer essen mehr.

Menü 6

Amuse Gueule à la Outhier
Edel-Ratatouille
Poulet au Vinaigre (Essighuhn)
Milchreis mit Aprikosen

Brot und Butter am Anfang, Milchreis am Ende und in der Mitte Brav-Bürgerliches – mithin das Gegenteil einer Wagner-Oper. Dennoch summieren sich die einzelnen Akte zu einem Spektakel, das nur deshalb nicht festlich genannt werden kann, weil Vater sich wieder keinen Schlips umgebunden hat.

Amuse Gueule à la Outhier

Besteht ein Menü aus vier Gängen, wird der erste Gang eine Mini-Vorspeise sein, manchmal nur ein Appetithappen, ein *amuse gueule,* wie sie in den besseren Restaurants zum Aperitiv vor dem Essen unaufgefordert serviert werden, damit die Unterhaltung der Gäste nicht von vielstimmigem Magenknurren übertönt wird. Einer der scheinbar simpelsten, in Wirklichkeit aber raffiniertesten Appetithappen dieser Art ist das Lachsbrot à la Outhier. Ich glaube jedenfalls, daß es Louis Outhier war, der Patron der ehemaligen L'Oasis in La Napoule, der diese Art von *amuse gueule* erfunden hat. Dazu brauche ich außer Butter nur Brot und Räucherlachs. Wie einfach, wenn man weiß, wo es Lachs in hervorragender Qualität gibt und den unvermeidlichen Mehrpreis nicht scheut (die Unterschiede sind beklagenswert!). Dann muß man noch einen Bäcker ken-

nen, der das benötigte Brot backt. Guten Räucherlachs erkennt man zuerst an der Farbe. Er muß rosa sein, nicht rot. Und bräunliche Stellen darf er schon gar nicht haben. Er darf nicht triefen vor Fett; aber trocken taugt er auch nichts. Außerdem sollte er nicht schon wochenlang eingeschweißt in Plastik herumgelegen haben.
Die Auswahl an Brot ist bei uns unübertroffen groß. Was ich hier brauche, ist ein Mischbrot (also hellbraungrau), im Holzofen gebacken, welches seinen Geschmack erst nach vier, fünf Tagen richtig entwickelt. Dann ist die Rinde schon sehr hart; trotzdem läßt es sich besser schneiden als tagesfrisches Brot (dessen schwammige Feuchtigkeit ich undelikat finde). Ich schneide also von dem Brot gleichmäßige, hauchdünne Scheiben; fast müßte man hindurchsehen können. Dazu brauche ich ein erstklassiges Messer (keine Brotsäge) und eine geübte Hand. Oder eine Maschine. Die Rinden der Brotscheiben werden weggeschnitten. Dann bestreiche ich die Scheiben mit Butter, lege Räucherlachs darauf und eine zweite gebutterte Scheibe Brot. Die so entstandene Lachsstulle zerteile ich in kleine Dreiecke, von denen jeder Gast drei oder vier Stück bekommt.
Ob ich dazu einen Champagner trinke oder einen besseren Chardonnay von der Côte-de-Beaune – es ist in jedem Fall eine sehr festliche, hochkulinarische Art und Weise, ein schönes Menü zu beginnen.

Edel-Ratatouille

Eine Ratatouille ist die klassische provenzalische Gemüsebeilage zum Lammbraten, eine Mischung aus zusammengekochten Gemüsen des Südens: Aubergine, Zucchini, Paprika, Tomaten, Zwiebeln; deftig und intensiv schmeckend. Man kann sie aber auch zum Fisch servieren und sogar, ohne alles Beiwerk, als vegetarischen Zwischengang auf den Tisch bringen. Dann aber genügt das rustikale Durcheinander nicht, dazu bedarf es, wieder einmal, der Verfeinerung. In der Praxis heißt das: Mehrarbeit. Aber auch: Delikatesse anstelle der Rustikalität.

Die Mehrarbeit ist übrigens halb so schlimm. Sie besteht darin, daß die Gemüse kleiner gewürfelt werden als üblich und nicht zusammen garen dürfen, sondern einzeln. Dadurch bekommt jede Sorte den idealen Biß; nichts wird zerkocht, kein Aroma geht unter. Außerdem sieht es schöner, nämlich farbiger aus.

Für 4 Personen brauche ich:

1 kleine Aubergine
2 Zucchini
1 rote und 1 gelbe Paprika
4 große Schalotten
4 Knoblauchzehen
3 mittelgroße Fleischtomaten
Olivenöl
Thymian
1 Zitrone
schwarzen Pfeffer
Salz

Die Schalotten und den Knoblauch schälen und in sehr dünne Scheiben schneiden. In Olivenöl mit einem Zweig Thymian und etwas Salz anschwitzen und gar dünsten, was bis zu 15 Minuten dauern kann. Rühren, damit nichts anbrennt.
Die Zucchini, Paprika und die Aubergine waschen und ungeschält in Würfel von 1 Zentimeter Kantenlänge schneiden, nicht größer! Salzwasser mit dem Saft der Zitrone zum Kochen bringen, 1 EL Öl dazu. Nun nacheinander das gewürfelte Gemüse garen. Die Zucchini zuerst, die rote Paprika zuletzt (weil sie das Wasser färbt). Jede Gemüsesorte soll noch einen Biß haben, also sind die Garzeiten unterschiedlich. Das ist der Punkt, wo ich aufpassen muß. Das Gemüse muß herausgefischt werden, wenn es gerade gar, aber noch nicht richtig weich ist. Dann kommt die nächste Sorte ins Wasser. Die Garzeiten mögen unterschiedlich sein, aber sie sind alle kurz und bewegen sich zwischen 2 und 4 Minuten.
Inzwischen enthäute ich die Tomaten, indem ich sie kurz mit kochendem Wasser überbrühe, halbiere sie und drücke Kerne und Saft heraus. Dann wird das Tomatenfleisch in Würfel geschnitten und in einer großen Pfanne leicht in Olivenöl angedünstet. Salzen. Dann die vorbereiteten Schalotten und alle Gemüsewürfel dazugeben. Vermischen, kurz erhitzen, mit grobem schwarzen Pfeffer würzen, eventuell nachsalzen und fertig. Der Gemüsesud hat eine ganz herrliche Frische und gleichzeitig einen feinen, leicht säuerlichen Geschmack. Es ist verblüffend, wie diese schlichten Gemüse durch die sorgfältigere Behandlung an Delikatesse gewonnen haben!

Poulet au Vinaigre (Essighuhn)

Ein körnergefüttertes Freilandhuhn galt in der Feinen Küche immer als eine besondere Delikatesse, und daran hat sich nichts geändert. Nur sind sie selten geworden, die Hühner, die den dafür nötigen Qualitätsansprüchen genügen. Aber *wenn* sie angeboten werden, greife ich zu und freue mich auf ein Essen, das alle Hoffnungen des Feinschmeckers verwirklicht. Außerdem ist ein Huhn leichter und bekömmlicher als andere Fleischsorten. Die leichteste Version ist, abgesehen vom Suppenhuhn, das Essighuhn, auch wenn hierzu nicht geringe Mengen Butter und Sahne gebraucht werden.

Vier Personen haben Freude an so einem Huhn, und wenn es über 1800 Gramm wiegt, reicht es auch für sechs. Ich zerlege es in acht Teile und die Karkasse. Also zwei jeweils halbierte Keulen, zwei Flügel und die beiden Brusthälften. Diese Teile und die in drei, vier Stücke zerhackte Karkasse lasse ich auf dem Herd in einem großen, gußeisernen Schmortopf in 120 g Butter langsam anbraten. Dabei sofort salzen und pfeffern. Für dieses Anbraten brauche ich Geduld; denn die Butter darf auf keinen Fall braun werden, was eine reduzierte Hitze und damit eine lange Bratzeit bedeutet; unter 20 Minuten geht hier nichts. Ich füge 1 kleine zerschnittene Karotte, 10 kleine, geschälte Schalotten und 4 ungeschälte Zehen Knoblauch hinzu und stelle den Topf mit Deckel in den 180 Grad heißen Ofen. Nach 15 Minuten gieße ich eine kleine Tasse Estragonessig an und lasse weiterschmoren, bis die Fleischstücke gar sind, was noch einmal 10 bis 15 Minuten dauern wird. Ich nehme sie aus dem Topf und stelle sie warm. Auf der Herdplatte vervollständige ich die Sauce. Zunächst prüfe ich ihren Fettgehalt. Ist sie sichtbar butterig, wird sie entfettet, dazu eignet sich ein saugfähiges Küchenpapier. Dann gebe ich hinein:

noch einmal 1 Schuß Estragonessig
1 Tasse Hühner- oder andere Fleischbrühe
2 TL Tomatenmark
1 TL Senf
1 Zweig frischen Estragon (nicht zerschnitten)

Bei flotter Hitze einkochen lassen. Wie stark, das muß ich abschmecken. Wenn sie sehr säuerlich und ziemlich salzig schmeckt, dann ist die Sauce richtig.
An dieser Stelle des Kochvorgangs kann ich eine Pause einlegen. Dem Hühnerfleisch, so es denn wirklich von einem erstklassigen Huhn stammt, macht es nichts aus, wenn es bei 60 Grad eine halbe Stunde warmgehalten wird. Wenn es weitergeht, wird der reduzierte Schmorsaft wieder erhitzt und nochmals abgeschmeckt. Eventuell gieße ich noch einmal etwas Brühe oder Essig an, und dann kommt die Sahne ins Spiel. 200 g Sahne dürfen es schon sein, die ich jetzt in den Topf gieße. Sie absorbiert viel von dem Aroma der Sauce, deshalb hat diese vorher zu stark und zu kräftig schmecken müssen! Die Karotten und den Estragonzweig habe ich vor dem Sahneguß herausgefischt; der Knoblauch aber bleibt. Er gehört jenen Essern, die ohne ihn das Leben nicht ertragen. Kurz vor dem Servieren werfe ich 3 EL Tomatenconcassée (enthäutete und entkernte, kleingeschnit-

Poulet au Vinaigre (Essighuhn)

Die leichte Version eines Hühnergerichts, auch wenn hierzu nicht geringe Mengen Butter und Sahne gebraucht werden.

tene Tomaten) in die Sauce. Das Ganze wird kurz erhitzt, und nun zu Tisch!
Die acht Fleischstücke werden auf den Tellern verteilt und mit der Sauce befeuchtet. Viel Sauce ist nicht entstanden, aber es soll auch gar nicht mehr sein, weil sonst ihr Geschmack nicht intensiv genug wäre. Deshalb gibt es von der Beilage – schmale Bandnudeln – auch nur eine kleine Portion: Auch deshalb ist diese köstliche Angelegenheit kein schwerer Magenfüller! Schwer darf jedoch der Weißwein sein, den ich dazu trinke: einer aus Burgund oder eine Grauburgunder Spätlese aus dem Badischen.

Milchreis mit Aprikosen

Milchreis hat keinen besonders guten Ruf, ausgenommen in Kindergärten. Das liegt daran, daß er fast immer schwer, klebrig und auf eine plumpe Weise süß ist, die der Feinschmecker nicht sonderlich schätzt. Was ist da passiert? Vermutlich wird Milchreis ähnlich eingeschätzt wie die Kartoffel: Er macht satt; und wenn man sich was Besseres leisten kann, verzichtet man gern darauf. Damit tut man ihm großes Unrecht.
Milchreis kann von großer Köstlichkeit sein. Doch das bedingt, wie immer, ein unbequemes Streben nach Qualität. Da ist zunächst einmal die Reissorte. Jawohl, auch für Milchreis gibt es unterschiedliche Qualitäten! Nicht die erste beste Sorte ist die beste. Die richtige herauszufinden, ist der erste Schritt zum Erfolg. Alles, was schnelles und unproblematisches Kochen verspricht, ist, wie immer, nur zweitklassig.

Sodann ist es nicht damit getan, die Reiskörner mit Milch aufzusetzen und zum Kochen zu bringen. Auf diese Weise entsteht der klebrige, klumpige Milchreis. Nein, der Milchreis wird erst einmal in kochendes Wasser geschüttet, wo ich ihn wenige Minuten sprudelnd kochen lasse. Dadurch wird das trübende und klebende Reismehl entfernt! Dann durch ein Sieb abgießen und unter fließendem kalten Wasser gründlich waschen. Abtropfen lassen. Jetzt erst kommt die Milch ins Spiel. Sie wird mit einer aufgeschlitzten und sorgfältig ausgekratzten Vanillestange sowie zwei fingergroßen Streifen Zitronenschale aufgesetzt und zum Kochen gebracht. Erst dann gebe ich den Reis in die Milch! Ohne Zucker! Die Menge der Milch richtet sich begreiflicherweise nach der Menge des Reises. Kocht sie, kommt der Dekkel darauf und der Reis in den Backofen. Dieser soll 100 Grad heiß sein, und in seiner Mitte steht der Topf auf dem Rost. 50 Minuten lang. Ab und zu nachsehen; auch probieren ist gestattet. Aber bitte nicht umrühren! Nach der Garzeit fische ich die Zitronenschalen und die Vanillestange heraus. Jetzt erst füge ich Zucker hinein. Im heißen Reis schmilzt er sofort, sorgt aber nicht für die unerwünschten chemischen Reaktionen, die auftreten würden, wenn er von Anfang an dabei wäre. Das war der allgemeine Fall. Nach diesem Prinzip bereite ich meinen Milchreis für 6 Personen:

200 g Reis
1 l Milch
100 g Zucker

Die erwähnte Vanillestange und die Zitronenschalen sind ebenfalls für 1 Liter Milch gedacht. Zusätzlich brauche ich:

250 g getrocknete Aprikosen
Saft von 2 Zitronen
3 EL trockenen Weißwein
2 EL Zucker
200 g Sahne
3 EL Kirschwasser

Die Aprikosen mit Wasser bedecken und 1 Stunde quellen lassen. Abspülen. In vier Teile schneiden. In einer Kasserolle mit schwerem Boden den Zucker heiß werden lassen, den Zitronensaft und den Wein dazugießen und dann die Aprikosenstücke hineingeben. Ungefähr 10 Minuten schwach köcheln lassen, dabei öfter umrühren. Wenn der sich bildende Sirup aussieht, als wolle er karamelisieren, das Kirschwasser angießen, noch einmal aufkochen lassen (damit der Alkohol verschwindet) und vom Feuer nehmen. In den fertigen Reis einrühren. Abkühlen lassen, bis der Reis nur noch lauwarm ist. Dann die Sahne steif schlagen und unterziehen. In Portionsschüsseln abfüllen und lauwarm servieren.
Nach diesem Reis wird niemand mehr verächtlich von ›Kinderfutter‹ reden. Und dies ist ja nur das Standardrezept mit Aprikosen, welche allerdings besonders gut in die milchige Umgebung passen. Ob getrocknet oder frisch – fast jedes Obst eignet sich für einen leckeren Milchreis.

Menü 7

Linsensalat mit Schafskäse
Spargelflan mit roter Paprikasauce
Hühnerbrust, Paprika
und Kartoffelpüree
Besoffene Kirschen in Eierkuchen

in welchem der Unterschied zwischen Linsen und Linsen eine Rolle spielt und ein Paradestück der Feinen Küche als Kinderspiel entlarvt wird. Ein neuartiges Kartoffelpüree macht seine Aufwartung, und Kirschen verfallen dem Alkohol.

Linsensalat mit Schafskäse

Bei Linsen kommt es auf die Sorte an. Bis vor kurzem verstand man unter Linsen braune und mehlige Kalorienträger von der Größe eines Hemdenknopfes. Seit einiger Zeit gibt es jedoch grüne Linsen zu kaufen. Diese sind zwar nicht grün wie ein Laubfrosch, sondern eher oliv-braun-grau, aber das ist nicht das ausschlaggebende. Entscheidend für die Feinheit dieser Linsen ist ihre Größe. Oder besser: ihre Winzigkeit. Eine so kleine Linse kann logischerweise kaum einen mehligen Kern haben. Das macht die grünen Linsen so delikat.
Bei diesem Linsensalat liegt der Reiz im Nebeneinander von warmen und kalten Bestandteilen. Linsen und Kartoffeln sind warm, Schafskäse und Vinaigrette kalt.
Grüne Linsen müssen nicht über Nacht eingeweicht werden, man kriegt sie auch so weich, das heißt *al dente,* also mit jenem Biß, der sich auch bei einigen

Gemüsesorten als die bessere Beschaffenheit erwiesen hat (Blumenkohl, Weißkohl, Brokkoli, Karotten, Lauch ...). Andererseits ist es energiesparend, wenn ich Linsen einweiche und sie dann in knapp 30 Minuten gar werden. In jedem Fall gieße ich nach einiger Zeit das (gesalzene) Kochwasser weg, wasche die Linsen und setze sie mit frischem (gesalzenem) Wasser wieder auf den Herd. Es ist dies nur eine scheinbare Nebensächlichkeit, weil der Unterschied kaum zu bemerken ist. Kaum; aber eben doch! Aus solchen kleinen Unterschieden besteht die Feine Küche – auch wenn es sich nur um Linsen handelt.
Gleichzeitig mit den Linsen koche ich kleine Salatkartoffeln und bereite eine Vinaigrette vor. In dieser Reihenfolge:

pro Person 1 gehäufter TL feingehackte Schalotten
Estragonessig
schwarzer Pfeffer aus der Mühle
durchgepreßter Knoblauch
Salz
Olivenöl

Im Frühsommer, wenn er frisch und saftig ist, schneide ich den Knoblauch in hauchdünne Scheiben, deren Menge ganz allein von meiner Willkür und der Toleranz der Tischgenossen abhängt.
Die garen Linsen werden abgegossen. Gut abtropfen lassen!
Jetzt kommt der Schafskäse ins Spiel. Es muß jener frische Käse sein, der in Blöcken verkauft wird, in einer Salzlake liegt und aus Bulgarien, Korsika, Spanien oder

dem Allgäu stammt. Die Herkunft spielt keine Rolle. Ich schneide ihn in Scheiben und diese in Stücke, welche ich mit den Linsen vermische.
Dann schäle ich die Pellkartoffeln (was unterbleiben kann, wenn sie jung und gut gebürstet sind) und schneide sie in markstückgroße Scheiben. Ich lege sie im Kreis auf die Teller, häufele die Linsen in die Mitte und übergieße sie mit der Vinaigrette. Wo die Augen mitessen, kann darübergestreuter, feingehackter Schnittlauch ein Gewinn sein. Wichtig ist, daß die Teller klein sind. Sonst würde jeder zuviel davon essen.
Dazu trinke ich am liebsten einen kühlen, roten Burgunder.

Spargelflan mit roter Paprikasauce

Ein Flan ist ein warmer Gemüsepudding und macht einen außerordentlich professionellen Eindruck. Die Paprikasauce gehört ebenfalls ins Repertoire der Restaurantküche, wo sie manchmal zu gebratenen Fischfilets serviert wird. Mithin eine eindrucksvolle Kombination! Für 4 Personen brauche ich:

500 g Spargel
1 sehr große oder 2 kleine rote Paprika
2 Eier
200 g Sahne
Muskat
Zucker

Salz
weißen Pfeffer
Zitrone
Butter

Den Spargel schälen und 15 Minuten in Salzwasser garkochen. In Stücke schneiden, die Köpfe beiseite legen. Die Stücke im Mixer oder mit dem Mixstab pürieren. Das Püree so lange durch ein Haarsieb treiben, bis der letzte Tropfen Spargelsaft aus den zähen Fasern herausgepreßt ist. 100 g Sahne und die beiden Eier dazugeben und verquirlen. Mit Salz, Pfeffer und Muskat abschmecken.

Die gewaschene Paprika in kleine Würfel schneiden, dabei alles, was nicht tiefrot ist, entfernen. Feucht wie sie sind, werden die Würfel in etwas Butter angedünstet. 100 g Sahne zugießen. Zugedeckt 15 Minuten köcheln lassen. Sollte die Masse dabei zu trocken werden, gebe ich 2 oder 3 EL Spargelwasser hinzu. Mit Salz, Zucker und einigen Tropfen Zitronensaft abschmecken. Dann wird die Paprika wie der Spargel im Mixer püriert und durch ein Sieb passiert. Sie läßt sich auch mit dem Mixstab pürieren. Aber dann bitte einen hohen Topf nehmen: es spritzt entsetzlich! Man kann die Paprika auch roh pürieren. Aber ich meine, das Andünsten bringt den Eigengeschmack stärker heraus.

4 kleine Portionsförmchen ausbuttern. Die Spargelköpfe hineinlegen und mit der Spargel-Eier-Sahne-Mischung aufgießen. Im Wasserbad im heißen Ofen 30 bis 35 Minuten garen lassen, bis die Masse gestockt ist. Dann auf einen Teller stürzen.

Die heißgemachte Paprikasauce mit 1 EL Butter verbessern und um den Flan herum dekorieren. Sie soll nicht flüssig, sondern sämig sein wie ein dünnes Püree. Entscheidend bei Spargelmasse und Sauce ist das richtige Salzen. Zu wenig Salz, und beides schmeckt wie Krankenkost. Aber richtig abgeschmeckt, und ich habe ein kleines, delikates Kunstwerk geschaffen!

Hühnerbrust; Paprika und Kartoffelpüree

Ich könnte mir vorstellen, daß dieses Gericht noch nicht viele Leser gegessen haben. Das Kartoffelpüree deshalb nicht, weil es der neuesten Küchenmode entspricht, wo ein Kartoffelpüree nicht mehr so aussehen darf, wie ein Kartoffelpüree gestern noch aussehen mußte. Ich bin mehr für die alte Version. Zum Beispiel zum Sauerkraut und Rotkohl; auch wenn eine gebratene Blutwurst oder ähnliches zum Püree gegessen werden soll. Dann muß es locker und sahnig sein. Aber etwa zum Hummer gefällt mir diese mit Öl eher klebrig als schaumig gequirlte Masse ganz gut. Und bei nachfolgendem Rezept wäre ein sahniges Püree alter Machart geradewegs unpassend.
Aber auch die Behandlung von Fleisch und Gemüse ist ungewöhnlich. Sie werden praktisch fritiert, aber ohne Teig, also ohne daß man ihnen das Bad im heißen Öl ansähe.
Pro Person brauche ich 2 normal große Kartoffeln von der mittelfestkochenden Sorte. Sie werden geschält,

gekocht, abgegossen, zerteilt und im inzwischen trokkengekochten Kochtopf zerstampft. Ein wenig Olivenöl daran, damit sie sich leichter verarbeiten lassen. Dann salzen, geriebenen Muskat dazu, und nun mit dem Elektroquirl unter Hinzufügung von weiterem Olivenöl zu einer homogenen Masse quirlen. Abschmecken (Salz?) und je nach den Bedürfnissen der Esser eine bis fünf Zehen frische, geschälte Knoblauchzehen in den Kartoffelbrei pressen. Ganz ohne geht's nicht; ich nehme pro Person eine Zehe. Der Knoblauch sorgt gleichzeitig auch für die nötige ›Pfeffrigkeit‹, ohne die ein Kartoffelpüree nicht vollkommen wäre.
Sodann brauche ich für je 2 Personen die Brust einer Poularde oder eines Brathuhns. Ich schneide sie roh aus dem Huhn heraus und verwende den Rest des Vogels für ein anderes Gericht. Immer häufiger kann man ausgelöste Hühnerbrüste auch einzeln kaufen. Die beiden sorgfältig von allen Häuten und Sehnen gesäuberten Brusthälften schneide ich in mundgerechte Stücke und pfeffere mit gemahlenem Cayenne. Lieber als Pfeffer aus dem Streuer nehme ich zwei kleine Cayennepfefferschoten, die ich vorher zerreibe. Dann schlage ich 1 Eiweiß mit einer kräftigen Prise Salz, bis es sehr schaumig ist; steif muß es nicht sein. Dahinein lege ich die Stücke der Hühnerbrust und lasse sie 15 Minuten durchziehen. Gleichzeitig zerteile ich eine große grüne Paprikaschote in 8 Streifen, schneide alles heraus, was nicht richtig grün ist, und zerteile sie in kleine, viereckige Stückchen.
Nun erhitze ich eine große Tasse Sonnenblumenöl oder Maisöl oder Olivenöl in einer Sauteuse. Das ist eine Stielkasserolle mit relativ kleinem Boden und hohen,

gewölbten, sich nach oben verbreiternden Rändern. (Ein bei mir ständig gebrauchtes Kochgeschirr, das inzwischen von mehreren Firmen hergestellt wird, z. B. in Kupfer von Spring oder in emailliertem Edelstahl von Silit.) Ich erhitze darin das Öl und gebe die Fleischstücke mit dem Eiweiß hinein. Das Eiweiß geht auf, wird weiß und nimmt wunderliche Formen an. Das Hühnerfleisch wird hell; aber bevor es richtig weiß, das heißt durch und durch gar wird, fische ich die Fleischstücke mit dem Eiweiß aus dem Öl und stelle sie warm. Länger als 3 bis 4 Minuten sollten sie nicht garen.
Nun werfe ich die Paprikastücke ins Öl, ohne Salz, ohne Pfeffer. Sie sind ebenfalls in wenigen Minuten gar. Nicht richtig weich, das sollen sie auch nicht sein, aber auch nicht mehr knackig-roh. Auch sie fische ich heraus und lege sie zum Hühnerfleisch. Das Öl gieße ich bis auf einen kleinen Rest weg. Am Boden der Sauteuse hat sich etwas Eiweiß angesetzt und bildet einen bräunlichen Satz. Den lösche ich mit einem großen Glas trokkenem Sherry und einem kleinen Glas Madeira ab. Dann gebe ich eine Suppenkelle voll Hühnerbrühe dazu und lasse sie einkochen. Dabei abschmecken: vielleicht fehlt Salz; eine Prise Zucker kommt hinein. Sollte ich im Kühlschrank eine Glace haben, also einen stark eingedickten, dunklen Fleischfond, so nehme ich davon 1 EL. Als Ersatz bietet sich 1 TL Sojasauce an.
Dieser Sud wird soweit eingekocht, bis er gerade ausreicht, um Fleisch und Paprika einzuhüllen. Die kommen jetzt in die Sauteuse. Sollte sich auf dem Boden der Schüssel eine deutliche Menge Öl angesammelt haben, so wird das nicht verwendet. Kurz erhitzen.
Auf einer zweiten Herdplatte das Kartoffelpüree wär-

men, den Knofel hineinpressen, und schon kann ich servieren! Jeder Teller bekommt einen flachen Klacks Kartoffelpüree in die Mitte, drumherum dekoriere ich die ungemein appetitlich aussehenden Fleisch- und Paprikastücke. Da lassen die Esser erstaunt die Gabel sinken, die sie dann um so hastiger in den veritablen Schmackofatz versenken: So etwas haben sie tatsächlich noch nicht gegessen!

Besoffene Kirschen in Eierkuchen

Der schockierende Zustand der Kirschen wird durch den nach ihnen benannten Obstschnaps hervorgerufen, welcher bei dieser Süßspeise großzügig verwendet wird. Sonst aber handelt es sich um einen recht braven Kirschenauflauf, der sich zur Not auch ohne Alkohol herstellen ließe. (Aber wie kommt dann das wunderbare Parfüm in den Pamp?) Für 6 Personen brauche ich:

750 g süße Kirschen (gewaschen und entsteint)
180 g Mehl
120 g Zucker
6 Eier
1/2 l Milch
80 g Butter
Saft und Schale einer halben Zitrone
Kirschschnaps (kein Likör!)

Besoffene Kirschen in Eierkuchen

Zur Not läßt sich dieser eigentlich recht brave Kirschenauflauf auch ohne Alkohol herstellen. Aber wie kommt dann das wunderbare Parfüm in den Pamp?

Mehl, Zucker und eine Prise Salz in einer Schüssel mit der Milch zu einem glatten Teig verrühren. Nacheinander die ganzen Eier dazugeben. Die abgeriebene Zitronenschale und die flüssig gemachte Butter untermischen. Schließlich 1 Weinglas Kirschwasser hinzugeben und das Ganze 1 1/2 Stunden ruhen lassen.
Die Kirschen in einer großen Pfanne in Butter anbraten, mit 2 EL Zucker bestreuen und schütteln. Wenn sie nicht nebeneinander Platz haben, muß dies in zwei Schichten geschehen. Mit dem Zitronensaft und einem kleinen Gläschen Kirschwasser ablöschen, leicht karamelisieren lassen. Abkühlen und in eine ovale oder eckige gebutterte Auflaufform legen. Mit dem Teig übergießen.
Die Form in die Mitte des heißen Ofens stellen und 30 Minuten backen lassen, bis die Oberfläche hellbraun wird. Warm servieren.

Menü 8

Kürbis-Chutney
Jakobsmuscheln mit
Zitronenbutter und Curry
Kaninchenrisotto
mit schwarzen Oliven
Rhabarber-Ingwer-Quark

Aus einem Kürbis kann man nicht nur Masken schnitzen; Jakobsmuscheln zieren nicht nur Shell-Tankstellen. Ein Kaninchen aber ist ein Kaninchen, und in oder neben einem Risotto liegt es wie der Hase im Pfeffer. Da will der Rhabarber nicht zurückstehen und tut sich mit dem Ingwer zusammen, worüber alle Beteiligten froh sind.

Kürbis-Chutney

Chutneys sind Gemüsekompotts, meistens scharf gewürzt, oft süßsauer. Sie werden kalt und in kleinen Mengen ans Essen getan, eine Art Würzung durch Masse. Warm und in größeren Mengen gegessen oder gar als selbständiges Gericht schmecken sie ebenfalls herrlich, nämlich appetitanregend, leicht und animierend. Kalt serviere ich sie als Vorspeise zum Weißbrot, warm als Beilage zum Fisch oder zu weißem Fleisch. Es gibt unzählige Varianten. Hier eine Version, die kalt gegessen wird:

4 große Zwiebeln, enthäutet und halbiert
500 g Kürbis, in kleine Würfel geschnitten

Die Zwiebeln werden in sehr feine Scheiben geschnitten und zusammen mit dem Kürbis in reichlich Olivenöl angedünstet. Hinzu gebe ich:

1 Cayennepfefferschote
4 Gewürznelken
1 TL getrockneten Thymian
1 1/2 EL Zucker
1 TL Koriander
4 EL Weißweinessig
1 großes Glas Portwein
1 Prise Safran
1 gehäuften TL Tomatenmark

Mit Wasser aufgießen und zugedeckt 60 bis 90 Minuten köcheln lassen. Immer wieder nachwürzen, da der richtige, herzhafte Geschmack auf Anhieb nur schwer ans Gemüse zu bringen ist. Kürbis und Zwiebeln müssen richtig weich werden, letztere dürfen sogar ein wenig verkochen. Zum Schluß 2 EL Rosinen untermischen und über Nacht durchziehen lassen.
Am nächsten Tag als Hors d'œuvre zum Brot. Ein frischer roter Landwein gehört unbedingt dazu! Chutneys halten sich im Kühlschrank tagelang.

Jakobsmuscheln mit Zitronenbutter und Curry

In der Edelgastronomie sind sie zum Statussymbol geworden; in den Endlosmenüs der Küchenchefs tauchen sie im Salat auf, als Zwischengang oder sogar roh, als *amuse gueule* – und hinterlassen keine Spuren. Weil sie, zart wie sie sind, in dem Ansturm der wichtigen und wichtigtuenden anderen Gerichte untergehen. Dagegen können Jakobsmuscheln hier – in einem bürgerlichen Essen – ihres Erfolges sicher sein. Und damit dieses Essen nicht gleich zum Luxus wird, gibt es sie bei mir nicht als Hauptgang, sondern in bescheidener Menge als Vorspeise. Zwei dicke Muscheln pro Portion genügen. So halten sich die Kosten in Grenzen; denn billig sind Coquilles Saint-Jacques, wie sie auch heißen, nicht. Gott sei Dank bekommt man sie bereits gesäubert, also ohne das Muschelgehäuse, ohne Sand und Abfall. Aber frisch müssen sie sein! Den Unterschied erkennt man nicht so leicht, jedenfalls nicht beim Einkauf. Später, auf dem Teller, ist er um so deutlicher: Aufgetaute Jakobsmuscheln sind nicht saftig und meistens zäh. Nicht nur frisch sollten sie sein, auch weiß und nicht hellgrau. Und das Corail, der anhängende, orangefarbene Körperteil, darf nicht fehlen. Ich trenne ihn jedoch ab. Dort, wo er gesessen hat, befindet sich am Muschelfleisch eine Stelle, die weißer ist als der Rest. Die schneide ich heraus, weil sie beim Kochen sofort hart wird.

So weit, so gut, so einfach. Der wichtige Teil dieser kleinen, aber ungeheuer delikaten Vorspeise hat mit den Muscheln nichts zu tun. Ich nehme pro Portion 3 EL Hühnerbrühe, lasse sie auf die Hälfte einkochen und schmecke mit Salz ab. Wieso Hühner- und keine Fischbrühe? Erstens habe ich gerade welche vorrätig, und zweitens ist es banal, Fisch mit Fisch zu kombinieren, das kann jeder. Außerdem ist es eine alte und bewährte Kombination, nur etwas in Vergessenheit geraten.

Die Hühnerbrühe wird mit Zitronensaft und Curry gewürzt. Wieviel Zitronensaft und wieviel Curry, das läßt sich nicht bemessen. Die Zitrone soll deutlich, der Curry nur schwach herauszuschmecken sein. Hinzu kommt auch noch eine ziemlich große Menge Butter. Die nimmt viel von der Säure und auch vom Curry etwas weg, vom Salz ganz zu schweigen. Pro Portion ist 1 EL Butter nötig, also mindestens 20 g. In dieser Zitronenbutter koche ich jetzt die Muscheln und das Corail. Das heißt, ich koche sie nicht, sondern lasse sie ziehen. Nach vier Minuten sind die kostbaren Muscheln gar. Nicht hart oder in Fasern aufgespalten, das wäre eine Katastrophe. Nein, nur fest sollen sie werden, also ihre rohe Konsistenz verlieren, mehr nicht. Da heißt es aufpassen! Hier ist die gleiche Vorsicht geboten wie bei allen Schalentieren und Fischen. Zu heiß und zu lange gegart, und sie sind ruiniert.
Was übrigens den Curry angeht: Die unter der Bezeichnung Thai-Curry im Handel befindliche Sorte eignet sich hier am besten; sie ist grünlich und auffallend sanft.
Um es zusammenzufassen: Die Herstellung ist einfach und geht schnell; aufs Abschmecken der Sauce kommt es an. Und als Beilage um Gottes willen keinen Reis! Nudeln wären möglich, aber mir genügt dazu ein Glas Wein: ein Meursault Premier Cru oder ein Chardonnay aus Kalifornien. Wenn er denn aus deutschen Landen stammen soll, wäre mir auch ein badischer Grauburgunder Spätlese recht; trocken, selbstverständlich.

Kaninchenrisotto mit schwarzen Oliven

Die Teile eines zerlegten Kaninchens (bei mir werden Kaninchen *immer* zerlegt) kann man in Rotwein und Zwiebeln einlegen, damit sie später wie ein Wildhase schmecken, aber auch in reines Öl, weil das auf natürliche Weise konserviert. Ich habe etwas anderes vor. Kein deftiges Ragout, kein rustikales Schmorfleisch, sondern einen Risotto, der seine italienische Schlichtheit mit asiatischem Charme vereint.

Das Kaninchen ist jung, also klein, und reicht gerade für 4 Personen. Mit einem scharfen Messer löse ich alles Fleisch von den Knochen und schneide es in Stücke, die im Idealfall so groß sein sollten, daß sie später auf dem Teller noch einmal geteilt werden müssen, um auf die Gabel zu passen. Aus den Knochen und Häuten koche ich einen Fond, als wären es die Überreste von einem Huhn. Also anbraten, mit den üblichen Gemüsen aufsetzen, mit Wasser aufgießen, 1 1/2 Stunden kochen, abgießen, durchsieben und reduzieren.

Die Fleischstücke mariniere ich in folgender Mischung: 2 EL Sojasauce in eine Schüssel geben, die Stücke darin wälzen, dann 1/2 Tasse Olivenöl dazugießen. 1 zerbröseltes Lorbeerblatt, 1 gehäufter TL Ingwer, frisch und in feine Streifen geschnitten, sowie der Saft einer halben Zitrone kommen auch noch dazu. Die Dauer der Mazeration ist nicht übermäßig wichtig: ob 12 Stunden oder 24 Stunden – der Unterschied ist gering. Da jedoch das Fleisch in der Marinade nicht schwimmt, werden die Stücke von Zeit zu Zeit gewendet.

Für den Risotto brauche ich (bei 4 Personen) 200 g Rundkornreis, also Aborio, wie er in Italien heißt. In Olivenöl lasse ich eine große, feingehackte Schalotte anschwitzen und gieße mit 1 Tasse Kaninchenfond auf. Dahinein schütte ich den Reis und lasse ihn unter häufigem Rühren kochen. Während er kocht, merke ich, ob die Flüssigkeit ausreicht oder ob ich nachgießen muß. Da ich immer wieder rühre, ist das hier kein Problem. (Im Gegensatz zu Langkornreis, der in Ruhe gelassen werden will.) Gleichzeitig schäle ich eine Karotte und schneide sie mit einem Gemüsehobel in kurze und sehr dünne Streifen, die ich unter den Reis mische. Da sie so dünn sind, werden sie im Handumdrehen gar. Ihr Geschmack setzt sich kaum durch, und das soll er auch nicht; mir hat es dabei mehr die hellrote Farbe angetan. (Außerdem lieben Kaninchen Karotten!) Gewürzt wird der Reis nur schwach, das heißt mit etwas Salz und einigen Tropfen Zitronensaft. (Bei einem reinen Gemüserisotto wäre das anders; aber hier spielt das Kaninchenfleisch die Hauptrolle.)

Wenn der Reis gar ist – Sie wissen ja: feucht soll er sein und einen leichten Biß haben – rühre ich einen EL Butter hinein und stelle ihn warm.

In einer Pfanne oder einem flachen Schmortopf erhitze ich Olivenöl. Dahinein kommen die Kaninchenstücke ohne die Marinade (es zischt und spritzt trotzdem). Ich salze und lasse das Fleisch von allen Seiten anbraten: nicht so stark, daß es richtig braun würde; es soll nur etwas Farbe annehmen. Nun gebe ich die Marinade hinzu, eine große oder zwei mittlere enthäutete, ausgedrückte und in Stücke geschnittene Tomaten und pro Portion 5 kleine, entkernte und in Streifen geschnittene

Buena Vista
SONOMA VALLEY
0,75l
Chardonnay

Kaninchenrisotto mit schwarzen Oliven

Kein deftiges Ragout,
kein rustikales Schmorfleisch,
sondern ein Risotto,
der seine italienische Schlichtheit
mit asiatischem Charme vereint.

schwarze Oliven. Dann presse ich eine bis zwei Knoblauchzehen darüber aus. Nun noch etwas Thymian anstreuen, Deckel darauf und knapp 10 Minuten schmoren lassen. Das Fleisch darf dabei nicht völlig von Flüssigkeit bedeckt sein, diese sollte gerade ausreichen, daß es nicht anbrennt. Am Ende der Schmorzeit will ich überhaupt keine Sauce mehr im Topf haben, nur noch einen feuchten und sehr aromatischen Film, der die Fleischstücke überzieht. Und so werden sie auch serviert; ob mit dem Risotto vermischt oder getrennt, ist dabei egal. Aber kein Parmesan, bitte! Denn obwohl dieser Kaninchenrisotto überwiegend an die italienische Küche erinnert, will ich den Geschmack der Sojasauce und des Ingwers doch nicht einer mediterranen Dominanz opfern.
Der Weißwein, den ich dazu trinke, darf sogar aus Franken sein; ein kräftiger Silvaner wäre ideal.

Rhabarber-Ingwer-Quark

Diese Quarkspeise ist durch den Verzicht auf Eier und Gelatine besonders leicht und ziemlich flüssig, weshalb sie in Portionsschalen serviert werden sollte. Sie reicht für 6 Personen:

500 g Rhabarber
3 EL Zucker
1 gehäufter TL frischer, geriebener Ingwer
1/2 Vanillestange

Den Rhabarber putzen, in Stücke schneiden, mit der aufgeschnittenen halben Vanillestange in wenig Wasser weich kochen, bis alle Flüssigkeit verdunstet ist. Die Vanille entfernen und den Rhabarber im Mixer oder mit dem Schnetzelstab pürieren. Das Püree wird auf dem Herd solange eingekocht, bis es die Konsistenz eines dicken Apfelmus hat. Dann den Zucker und den Ingwer unterrühren. Umfüllen und abkühlen lassen.
100 g 20prozentigen Speisequark zusammen mit 100 g Crème fraîche und 2 EL Zucker schaumig rühren und mit etwas Zitronensaft abschmecken.
200 g Sahne steif schlagen. Den Rhabarber mit dem Quark vermischen und die steife Sahne unterziehen. In kleine Schälchen füllen.

Menü 9

Frühlingszwiebeln mit Sauce Gribiche
Mangold mit Basmati-Reis
Lachs mit Meersalz und Olivenöl
Zitronenschaum

Hier kocht der Onkel Doktor persönlich. Die Leichtigkeit der Speisen nähert sich beängstigend der Gesundheitskost. Doch keine Angst: Der Spinat im duftenden Reis ist nur ein Alibi, und am Lachs kann man sich so satt essen, daß der luftige Zitronenschaum für alle reicht.

Frühlingszwiebeln mit Sauce Gribiche

Hier geht es vor allen Dingen um die Sauce. Ich habe sie ins Herz geschlossen, weil sie die klassische Beilage zum gekochten Kalbskopf ist, den ich sehr mag. (Wenn er von einem talentierten Koch zubereitet wurde.) Warum aber nicht auch zu jungen Zwiebeln? Mit den Zwiebeln sind Frühlingszwiebeln gemeint, die mit den langen, grünen Blättern, welche man nie braucht. Ich schneide sie soweit ab, daß an den kleinen Zwiebeln ein ungefähr 5 Zentimeter langer Stumpf übrigbleibt, der am Ende grün ist. Nun die äußere Haut entfernen.
In einer Pfanne 1 EL Butter heiß werden lassen und die Zwiebeln darin andünsten, salzen, mit etwas Zitronensaft beträufeln, 1/2 TL getrockneten Estragon anstreuen und mit Wasser aufgießen, daß sie fast bedeckt sind. 5 bis 8 Minuten köcheln lassen. Auch wenn sie dann

immer noch nicht richtig weich sein sollten, spielt das keine Rolle, da man sie theoretisch ja auch roh essen könnte. Ich lasse sie in dem milchig gewordenen Kochsud erkalten. Pro Person brauche ich 4 Zwiebelchen.
Für 4 Portionen Sauce koche ich 2 Eier hart. Nach dem Erkalten schneide ich sie auf, entferne das Eigelb und zerdrücke es mit einer Gabel. Das Eiweiß wird in kleine Würfel gehackt.
Ebenfalls in feine Würfel hacke ich eine kleine Essiggurke. Außerdem brauche ich 1 EL Kapern (die kleinen sind die besten; es gibt sie in 30-Gramm-Gläsern von Hengstenberg), 1 TL Senf, Estragonessig, Olivenöl. Aus diesen Zutaten rühre ich eine Vinaigrette, wobei Eigelb, Senf und Essig zuerst verrührt werden, dann Gurke und Eiweiß und schließlich das Olivenöl. Um die Sauce besonders leicht zu machen, gebe ich 2 EL von dem Kochsud der Zwiebeln dazu. Mit Salz und Pfeffer abschmecken; auch eine Prise Zucker darf nicht fehlen. Frischer Estragon und frische Petersilie werden kurz vor dem Servieren darübergestreut. Das ist leicht und sommerlich, und ich serviere geröstetes Bauernbrot dazu.
Wenn die Frühlingszwiebeln vom Markt verschwunden sind, nehme ich Lauchstangen, von denen ich das Weiße in 3 Zentimeter dicke Stücke schneide. Sie werden genauso zubereitet wie die Zwiebeln, allerdings müssen sie richtig gar sein, was eine längere Kochzeit bedeutet.

Mangold mit Basmati-Reis

Die weißen Stengel aus dem Mangold herausschneiden. Sie werden bei diesem Rezept nicht gebraucht. Die grünen Blätter aufeinanderlegen, in Streifen schneiden und diese wiederum in kleine Streifen. Gründlich waschen, kurz abtropfen lassen und in reichlich Olivenöl andünsten. Dabei fällt der Mangold zusammen und verringert sein Volumen auf ein Viertel! Salzen, mit etwas Zitronensaft und einem Spritzer Sojasauce würzen und eine gute Prise Safranpulver dazugeben. Vermischen und zugedeckt zirka 5 Minuten dünsten lassen, schon ist er gar. Noch einmal abschmecken und unter den Reis mischen.

Das hat nun überhaupt keine Ähnlichkeit mit der asiatischen Küche, trotz der Sojasauce; ich arbeite mit den üblichen Zutaten. Der Safran wirkt zunächst nur unsichtbar, er nimmt dem Mangold etwas von seinem strengen Geschmack. Erst wenn ich das Gemüse mit dem Reis vermische, tritt die gelbe Farbe in Erscheinung und färbt den Reis.

Bis dahin handelt es sich zweifellos um ein anspruchsloses Essen. Aber indem ich nicht den ersten besten Reis nehme, sondern den feinen Basmati, entscheide ich mich dann doch nicht für schlichte Hausmannskost. Basmati ist von den aisatischen Reissorten die beste, er hat sehr kleine Körner und einen angenehmen, eigenartigen Geruch, weshalb er auch Duftreis genannt wird. Da es ihn meines Wissens nicht als vorbehandeltes Produkt zu kaufen gibt, muß ich mir die Mühe machen und ihn endlos lange waschen: immer wieder, bis das Wasser ganz klar bleibt. Daran sehe ich, daß die letzten Spuren vom Reismehl endlich abgewaschen sind und der Reis nicht kleben wird. Ich setze ihn mit reichlich Wasser auf den Herd und bringe es zum Kochen. Siehe da, es ist wieder trüb! Also gieße ich das Kochwasser ab, nehme neues und bringe das Ganze nochmals zum Kochen. Ich hoffe, daß ich es nicht noch einmal erneuern muß. Wenn der Reis im Topf zwei Finger hoch liegt (höher sollte er nie liegen, lieber einen größeren Topf nehmen!), darf das Wasser jetzt nur einen Finger hoch über dem Reis stehen, mehr nicht. Kochen lassen, bis es verschwindet und sich auf der Reisoberfläche kleine Krater bilden. Dann den Deckel darauf und den Topf auf eine Herdplatte setzen, die auf die niedrigste Wärmestufe eingestellt ist. Nach zirka 15 Minuten ist der Reis fertig. Der Mangoldreis kann als Beilage zu Fisch serviert werden und ist an Tagen, die der Abstinenz geweiht sind, sogar ein vollwertiges Essen.

Lachs mit Meersalz und Olivenöl

Unsere Edelköche beklagen die Massenzucht der Lachse. Die Festigkeit des Fleisches und sein Geschmack leiden darunter, das ist wahr. Aber gäbe es nur mit der Angel gefangene Wildlachse, könnten wir sie nicht bezahlen. Außerdem schmecken Zuchtlachse immer noch besser als mancher Hochseefisch. Auch sind sie leicht zuzubereiten. Es wäre sicherlich kühn zu behaupten, sie seien unverwüstlich, weil ein untalen-

Lachs mit Meersalz und Olivenöl

Ein robuster Geselle mit unverwechselbarem Wohlgeschmack, der sogar von furchtsamen Essern geschätzt wird.

tierter Koch alles verwüsten kann, was er verwüsten will. Aber im Vergleich zur empfindlichen und faden Forelle ist ein Lachs ein robuster Geselle mit unverwechselbarem Wohlgeschmack. Außerdem wird er sogar von furchtsamen Essern geschätzt, weil seine Gräten erkennbar sind und sich nicht tückisch im dikken Fleisch verstecken.

Es gibt zwei Möglichkeiten, Lachse zu zerteilen; entweder als Kotelett oder als Schnitzel. Der Fischhändler bevorzugt den Kotelettschnitt; da kann er den Lachs scheibchenweise verkaufen. Für zwei oder drei Portionen ist das ohnehin die ökonomischste Lösung. Sitzen aber sechs Personen oder mehr am Tisch, ziehe ich das flache, längliche Schnitzel vor, also ein der Räucherlachsscheibe ähnliches Stück, nur dicker.

Der Garprozeß ist der gleiche, nur die Garzeit ändert sich. Das Schnitzel mit einer Dicke von 1 bis 1 1/2 Zentimeter wird praktisch schon gar, wenn ich es zum Herd trage. Das Kotelett hingegen braucht, wenn es wie üblich zwei Finger dick ist, 5 bis 6 Minuten. Dazu bedarf es einer stark aromatisierten, säuerlichen Gemüsebrühe aus Zwiebel, Lauch, Karotte, Tomate, etwas Sellerie. Alles kleinschneiden und mit Salz, weißem Pfeffer und einem großen Glas Weinessig gründlich auskochen lassen. Die Brühe muß fast überwürzt schmecken, wenn ich sie durchsiebe und den Fisch hineinlege. Von diesem Moment an darf sie nicht mehr kochen. Nicht einmal simmern! Lachs gart wie alle Fische schon bei 70 Grad. Und wie alle Fische mag er starke Hitze überhaupt nicht. Also nur ziehen lassen.

Nach gegebener Zeit die Garprobe machen: Das Fleisch an der dicksten Stelle von der Rückengräte lok-

kern (beim Kotelett) oder (beim Schnitzel) einschneiden. Es muß noch dunkelrosa sein. Ist es blaßrosa oder sogar weißlich, hat es zu lange gegart; es schmeckt trokken und ist faserig – also ebenso mißlungen wie ein verbranntes Stück Fleisch.
Den Fisch also aus dem Kochsud nehmen. Die Schnitzel sind schon nackt; von den Koteletts wird die Haut entfernt, die Mittelgräte kann drinbleiben. Portionsweise auf den Tellern anrichten und mit einer superleichten und hochdelikaten Sauce übergießen: 3 Teile Fischsud mit 1 Teil Rotweinessig in einer Sauteuse auf weniger als die Hälfte einkochen lassen. Vom Feuer nehmen. Aus der Mühle Pfeffer dazugeben und mit der dreifachen Menge eines fruchtigen Olivenöls aufgießen. Verrühren und über die Lachsstücke gießen. Dann erst mit grobem Meersalz bestreuen. Kein gewöhnliches Tafelsalz nehmen, da die ungleichmäßige Würzung durch die groben Kristalle einen raffinierten Effekt bewirkt. Dazu einen erstklassigen Meursault, Puligny-Montrachet oder Chablis. Eventuell kleine Pellkartoffeln. Kein Gemüse; kein Salat.

Zitronenschaum

Im Gegensatz zu einer Crème wird ein Schaum ohne Gelatine hergestellt. Dadurch wird er leichter und luftiger, hält allerdings nicht lange. Für 6 Personen brauche ich:

2 ungespritzte Zitronen
150 g Zucker
4 Eier
300 g Sahne
1 Prise Salz

Eigelb und Eiweiß trennen. Die Eigelb mit dem Zucker, dem Saft und der abgeriebenen Schale der Zitronen im Wasserbad aufschlagen und unter ständigem Schlagen warm werden lassen, bis die Masse cremig wird. Wenn man einen Holzlöffel eintaucht und dann auf seine Rückseite bläst, muß dort ein Ornament entstehen, das an eine Rose erinnert. Dann in eine vorgekühlte Schüssel umfüllen und abkühlen lassen.

Die Sahne steif schlagen. Das geht am besten in einer ebenfalls vorgekühlten Metallschüssel mit dem Schneebesen. Da das bei diesem Rezept in Leistungssport ausarten würde, schlage ich zunächst mit dem Elektroquirl und nehme den Schneebesen für die letzten Meter vor dem Ziel.

Genauso verfahre ich mit dem Eiweiß, welches eine Prise Salz mit auf den Weg bekommt. Sahne und Eiweiß müssen sehr steif sein. Dann werden sie nacheinander mit der Eiermasse vermischt. Kurz kühl stellen und bald servieren.

Menü 10

Gelbe Sauerkrauttorte
Lauch-Kartoffel-Suppe
Gefüllte Tomaten
Soufflé Glace au Café
(Kaffee-Halbgefrorenes)

Eine Kleingärtnerorgie scheint bevorzustehen – Gemüse, Gemüse über alles! Doch trotz Sauerkraut und Kartoffelsuppe, trotz Lauch und Tomaten köchelt hier kein Neuer Patriotismus. Dafür sorgen Safran, Curry und Schafskäse. Schließlich bringt ein Halbgefrorenes die notwendige Abkühlung für die erhitzten Gemüter.

Gelbe Sauerkrauttorte

Die Bezeichnung klingt verwirrend: Torten sind süß! Wie kommt das Sauerkraut dahin? Nennen wir sie also nicht Torte, sondern Quiche. Denn um nichts anderes geht es hier: eine Vorspeise wie eine Quiche Lorraine, wie eine Quiche mit Räucherlachs.
Wie ein Mürbeteigboden hergestellt wird, dürfte bekannt sein. Im vorliegenden Fall ist das Verhältnis: 250 g Mehl, 125 g Butter, 1 Eigelb, einige Tropfen Wasser. Alles ganz normal. Nur eben kein Zucker, sondern eine Prise Salz. Zusammenkneten, zu einer Kugel formen und im Kühlschrank ruhen lassen, bevor er ausgerollt und eine Form von 26 Zentimeter Durchmesser damit ausgelegt wird.
Doch jetzt weiche ich von der üblichen Technik ab. Ich backe solche Böden nicht vor. Das ist mir zu lästig, und

ich halte es nicht für nötig. Es mag sein, daß ein vorgebackener Teigboden risikoloser weiterverarbeitet werden kann. Aber wenn mir mal einer mißglückt ist, dann lag das an mir, nicht an der Technik, dann habe ich der Quiche zuviel Oberhitze gegeben, und sie wurde braun, als der Boden noch nicht gar war.
Nun aber zum Sauerkraut. Ich brauche ungefähr 300 g, um meine Quiche zu füllen; auf 50 g mehr oder weniger kommt es dabei nicht an. Wichtiger ist schon, daß das Kraut nicht vor Nässe trieft. Mit dem schweren Kochmesser zerkleinere ich es ein wenig und vermenge es mit einer Messerspitze Safranpulver. Das färbt das Sauerkraut wunderschön gelb!
Nun verschlage ich einen Becher Sahne (200 g), 2 ganze Eier, 1 Prise Salz und Kümmel. *Gemahlener* Kümmel, wenn möglich. Doch wenn der mir gerade ausgegangen ist, nehme ich auch die normalen Kümmelkörner. Davon mindestens 1/2, aber nicht mehr als ein gehäufter Teelöffel. Das safranisierte Sauerkraut verteile ich auf dem Tortenboden; es sollte fingerhoch liegen. Darüber schütte ich die Sahne mit den Eiern und schiebe die Quiche auf den Boden des auf 180 Grad vorgeheizten Backofens. Nach einer Viertelstunde kontrolliere ich den Zustand der Masse. Ist sie bereits gestockt und wird sie schon hellbraun, lege ich eine Alufolie darüber. Das ist die einzige Konsequenz aus meiner Weigerung, den Teigboden vorzubacken. Wenn er schön dünn ausgerollt war, ist er in ungefähr 30 Minuten gar. Doch das muß man überprüfen; manchmal kann es auch länger dauern.
Das war's dann auch schon. Ich lasse die Quiche etwas abkühlen, damit ich sie warm, aber nicht heiß servieren

kann. Als Vorgericht reicht die Sauerkrauttorte für 8, als Zwischengang für 6 und als Hauptgericht für 2 Personen. Und alle 16 werden begeistert sein.

Lauch-Kartoffel-Suppe

Wieder ist hier die Suppe nicht als Auftakt eines Menüs gedacht, sondern als kleines Intermezzo zwischen der Vorspeise und dem Hauptgericht. Das schließt alle Deftigkeit aus. Trotzdem ist sie alles andere als dünn. Sie ist leicht, weil ich es so will, und leicht zu kochen ist sie sowieso.
Für 3 Personen brauche ich:

2 dicke Stangen Lauch
3 große halbmehlige Kartoffeln
Butter
Sahne
Salz
Pfeffer
Muskat
Curry

Mehr nicht. Es sei denn, ich erliege einem Anfall von Perfektionismus. Doch davon später ...
Das Weiße und Hellgrüne der Lauchstangen wird gewaschen und in 1,5 Zentimeter dicke Scheiben geschnitten. In einem Suppentopf lasse ich 1 EL Butter heiß werden und schwitze darin die Lauchstücke an. Da sie vom Waschen noch feucht sind, können sie nicht

anbrennen. Statt dessen verbindet sich die heiße Butter mit dem Gemüsewasser zu einem sehr aromatischen Konzentrat. Darauf gieße ich 1 Liter Wasser und gebe die geschälten und in kleine Würfel geschnittenen Kartoffeln hinzu. Salzen und zugedeckt ungefähr 30 Minuten köcheln lassen. Lauch und Kartoffeln sollen richtig weich werden. Letztere dürfen sogar etwas zerkochen, das verhilft der Suppe zu einer leichten Sämigkeit. Jetzt schmecke ich gründlich ab: etwas Muskat, etwas Pfeffer aus der Mühle und 1/2 TL Curry. Dann gieße ich die Sahne dazu, lasse einmal kurz aufkochen, und das war's dann. Ein Kinderspiel. Aber ein sehr angenehmes Zwischengericht; der Lauch hat ein unerwartet kräftiges Aroma ausgeschwitzt, der Curry in Verbindung mit der Sahne gibt dem Ganzen eine extravagante Note.

Ich habe absichtlich nicht gesagt, wieviel Sahne. Das, meine ich, ist nur an Ort und Stelle zu entscheiden. Bei drei Portionen ist ein halber Becher (100 g) die Mindestmenge. Es kann aber auch die doppelte Menge sein oder statt Sahne Crème fraîche. Ich will nicht leugnen, daß die Suppe um so besser schmeckt, je mehr Sahne sie enthält. Allerdings sättigt sie dann auch. In diesem Menü wäre das nicht wünschenswert. Aber es gibt ja Fälle, wo der Hunger unbezwingbar ist.

Nun die angedeutete Möglichkeit, die Suppe zu perfektionieren. Es geht darum, statt Wasser eine vorbereitete Gemüsebrühe zu nehmen, so wie ja auch eine perfekte Sauce nicht nur aus Bratensaft und Wein zusammengekocht wird, sondern zusätzlich noch Fleischfond dabei ist. Hier – wie bei jedem anderen Gemüsetopf – verwendet der Perfektionist eine Gemüsebrühe. Dazu werden viele kleingeschnittene Gemüse und Pilze gründlich in Wasser ausgekocht, mehr nicht. Kohl und Rüben, Erbsen, Bohnen und Kartoffeln, Sellerie, Lauch und Champignons sind hochwillkommen. Gurken, Spinat, Tomaten, Auberginen bleiben besser draußen. Und von allen Gemüsen möglichst gleichviel, damit nicht die eine Sorte durch ihr pures Übergewicht in der Brühe den Ton angibt. Die Herstellung ist sehr ökonomisch, da ich Gemüse*abfälle* nehmen kann; also die Strünke vom Kohl, die Schalen der Karotten, die Stiele der Pilze. (Aber keine Kartoffelschalen.) Nun gründlich auskochen (ca. 60 Minuten), dann durchsieben. Gewürzt wird erst bei der endgültigen Verwendung. Diese Verbesserung der Grundsubstanz entstammt der fleischlosen Küche und ist Ausgangspunkt für jegliche Art von Gemüsesuppen.

Gefüllte Tomaten

Man kann gefüllte Tomaten ein Relikt aus der Nierentischzeit nennen. Gab's die damals nicht sogar mit Heringssalat gefüllt? An Nordseekrabben mit Majonnaise als Füllung erinnere ich mich jedenfalls genau. Ziemlich spießig, dekorativ, ohne kulinarischen Wert.
Wenn man jedoch weiß, daß Tomaten und Thymian zusammengehören, weil sie beide mediterranen Regionen entstammen, und daß dazu wiederum Olivenöl und Schafskäse passen, also auch Knoblauch und Lammfleisch – dann drängt es sich geradezu auf, das alles einmal zusammenzubringen. Ja, und Reis kommt auch dazu, wie bei vielen Füllungen, weil Reis leichter ist als

das üblicherweise verwendete Brot. Vor allem, wenn es sich um die kleinen Basmati-Körner handelt. Selbstverständlich geht's auch mit dem vorbehandelten Markenreis aus der Pappschachtel, der meistens als einziges Angebot in den Supermärkten zu finden ist. Aber der hat viel zu große Körner, da kommt das delikate Gleichgewicht der Mischung aus dem Lot. Reis ist jedenfalls bei diesen Tomaten auch die Beilage. Ich koche ihn im voraus; er darf ruhig etwas abkühlen; denn die feuchten Tomaten speichern die Kochhitze derart, daß ich an und mit ihnen ganze Eisberge auftauen könnte. Also Basmati-Reis. Und für die Füllung davon nur wenig, so daß diese etwas lockerer, aber nicht in eine Reisfüllung verwandelt wird.
Weitere Zutaten sind:

bulgarischer Schafskäse, zerkrümelt
Knoblauch, durchgepreßt
Lammfleisch, durchgedreht
Thymian, getrocknet
Curry
Salz
Olivenöl

Vom Fleisch und Käse brauche ich die gleiche Menge. Wieviel das im einzelnen ist, hängt von der jeweiligen Zahl der zu füllenden Tomaten ab. Soll es ein Vorgericht sein, genügt eine große Fleischtomate pro Portion. Ihr wird oben der Deckel abgeschnitten und alles Innere herausoperiert.
Ist der Knoblauch groß und saftig, begnüge ich mich mit 1 Zehe für 3 Tomaten. Schwierig ist es mit dem

Gefüllte Tomaten

Ein Gericht, bei dem sich der Saft der Tomaten mit dem wenigen Olivenöl in der Form und den Aromen der Füllung zu einem wunderbaren Schmorsaft vermischt.

Curry. Es gibt – jedenfalls in meiner Küche – viele verschiedene Sorten. Da es sich hier nicht um ein exotischscharfes Essen handelt, dient der Curry nur zur Aromatisierung. Ich brauche ungefähr einen Teelöffel Curry für 2 bis 3 Tomaten. Die zusammengemischte und gewürzte Masse in die Tomaten einfüllen und den Deckel wieder daraufsetzen. Er hat nur die Aufgabe, die obere Schicht der Füllung vor starker Hitze, also vor dem Hartwerden zu schützen. Vor dem Servieren nehme ich ihn ab.
Die präparierten Tomaten setze ich in eine mit Olivenöl ausgestrichene Gratinform und schiebe sie in die Mitte des 200 Grad heißen Ofens. Dort brauchen sie ungefähr 30 bis 40 Minuten; man sieht's ja, wenn sie beginnen, ihre Form zu verlieren. Dann sind sie gar.
Der Käse ist wunderbarerweise nicht geschmolzen; so hat die Zunge mehr von ihm. Der Saft der Tomaten hat sich mit dem wenigen Olivenöl in der Form und den Aromen der Füllung zu einem wunderbaren Schmorsaft vermischt. 3 Stück pro Esser sollen genug sein? Nun ja . . .

Soufflé Glace au Café (Kaffee-Halbgefrorenes)

Es heißt Soufflé, ist aber keines, sondern ein Parfait (Halbgefrorenes), welchem durch einen Trick das Aussehen eines Soufflés gegeben wird. Dazu wird die runde Schüssel mit den geraden Wänden, die das Dessert enthalten soll, mit einer Manschette aus Pergamentpapier, welche durch einen Bindfaden oder ein strammes Gummiband gehalten wird, um 3 Zentimeter nach oben verlängert. Die Parfaitmasse wird bis an den Papierrand aufgefüllt. Vor dem Servieren, wenn die Masse steif ist, wird die Manschette entfernt. Das Parfait ragt wie ein Soufflé daumenbreit über den Rand der Schüssel empor. Die Zutaten für 6 Portionen:

4 Eigelb
180 g Zucker
30 g Rosinen
500 g Sahne
2 EL Pulverkaffee
weißer Rum

Die Rosinen in dem Rum einweichen. Die Eigelb mit dem Zucker so lange schlagen, bis sie hellgelb und dick werden. Die kalte Sahne in einer ebenfalls vorgekühlten Metallschüssel mit dem Schneebesen (!) steif schlagen. Den Rum von den Rosinen abgießen und 2 EL davon mit dem Pulverkaffee verrühren. Unter die Eigelb mischen. Die steifgeschlagene Sahne unterziehen. Die Rosinen dazugeben und in die vorbereitete Form füllen. Mit etwas Pulverkaffee bestreuen. Im Kühlfach mindestens 3 Stunden frieren lassen. Zum Servieren den Löffel in heißes Wasser tunken.

Menü 11

Salat mit Roquefortkartoffeln
Gurkensuppe mit frischem Lachs
Kalbsrücken mit safranisiertem
Blumenkohl
Orangenparfait mit Mandelkuchen

Hier schlägt die Stunde der Gourmets, die den Tester des Guide Michelin zum Essen laden. Eine solche Vorspeise kriegt der würdige Herr nicht überall, die feine Suppe sowieso nur in den Nobelschuppen. Beim Fleisch kneift er sich heimlich in dasselbe, weil er nicht glauben kann, daß er derart Exquisites in einem Privathaushalt vorgesetzt bekommt. Dafür ist die Nachspeise eine ganz normale Angelegenheit, wie sie jeder normale Gourmet-Tempel auf der Dessertkarte hat.

Salat mit Roquefortkartoffeln

Ein Menü, das mit diesem Salat beginnt, ist ein Wagnis. Es besteht nämlich die Gefahr, daß die Gäste hinterher sagen: »Warum haben die von dem Salat so wenig gemacht? Daran hätte ich mich gerne sattgegessen!«
Auf den Tellern darf jedoch nicht mehr zu finden sein als vier halbe, noch warme, weichgekochte Wachteleier, etwas Batavia-Salat (das ist der mit den braun-roten Rändern) und vier heiße, mit geschmolzenem Roquefort gefüllte Kartoffelstücke. Die Kombination von kaltem Salat mit seiner säuerlichen Vinaigrette, den sanften Eiern und den kräftig aromatisierten, heißen Kartoffeln ist schlechthin unwiderstehlich. Deshalb lohnt sich auch die Arbeit, die ich mit den Kartoffeln habe.

Sie müssen unbedingt von der festkochenden Sorte sein. Ich schäle sie und schnitze aus ihnen kleine längliche und abgerundete Stücke, nur wenig größer als ein der Länge nach halbierter Weinkorken. Mit der Spitze des Kartoffelschälmessers höhle ich sie aus. Dann werden sie in Salzwasser gar gekocht. Aufpassen, daß sie nicht zu weich werden! Dann brechen sie bei der kleinsten Belastung auseinander! Abschütten und trockendünsten. In die Höhlungen fülle ich Roquefort – 1/2 TL Käse sollte in jedes Kartoffelstück hineinpassen – und plaziere sie auf eine feuerfeste Unterlage. Diese schiebe ich unter den Grill oder hoch oben in den Backofen unter die voll aufgedrehte Oberhitze. Braun werden soll hier nichts; der Käse muß heiß werden und schmelzen, mehr nicht.
Inzwischen habe ich die Wachteleier 2 Minuten gekocht, abgeschreckt, geschält und halbiert. Auf jeden Teller dekoriere ich 4 Hälften an den Rand, so daß sie sich gegenüberliegen. In die Tellermitte häufele ich den gewaschenen und gründlich getrockneten Salat und übergieße ihn mit der Vinaigrette.
Die besteht aus gehackten Schalotten, gehackten spanischen Pfefferschoten *(guindillas en vinagreta)*, wahlweise auch Knoblauch, Salz, einer Prise Zucker, Rotweinessig und Olivenöl.
4 heiße Kartoffelstücke mit dem geschmolzenen Roquefort werden zwischen die Eier gesetzt. Sofort servieren.

Gurkensuppe mit frischem Lachs

Diese Suppe vereint Wohlgeschmack mit Schönheit. Hellgrün und rosa ist nun einmal eine hübsche Farbzusammenstellung. Und was ihren Geschmack angeht, so gehört die Gurkensuppe ganz eindeutig in jene Kategorie von Delikatessen, die man gemeinhin nur in feinen Restaurants findet. Wahrscheinlich ist es der relativ teure Lachs, der Hausfrauen davor zurückschrecken läßt, für eine einzige Portion einer Vorspeise den gleichen Betrag auszugeben, mit dem sie eine tiefgefrorene Pizza kaufen kann. Doch eine Pizza würde in einem festlichen Menü wie diesem glanzlos untergehen. Die Suppe jedoch nimmt es auch mit einem raffinierten Hauptgericht auf.
Ich brauche für 4 Personen:

2 Schlangengurken
500 g frischen Lachs
1 Liter ungesalzene Hühnerbrühe
100 g Sahne
1 EL feingehackten Dill
Butter
Curry
Zitrone
Salz

Die Gurken schälen, halbieren und die Kerne herauskratzen. In lange, schmale Streifen und dann in kleine Würfel schneiden. 1 EL Butter in einem Suppentopf heiß werden lassen, darin die Gurkenwürfel anschwitzen, mit der Hühnerbrühe aufgießen und gar ziehen lassen, was zirka 10 Minuten dauert. 4 EL Gurkenstücke herausfischen. Den Rest im Topf mit dem Mixstab pürieren. Die intakten Gurkenstücke wieder zurück in den Topf, die Sahne und den Saft der halben Zitrone dazugießen. Salzen. Mit ungefähr 1/2 TL Curry abschmecken. Den gehackten Dill einstreuen. Aber nicht so viel Dill! Er ist sehr penetrant, und ein Lachs ist schließlich kein Aal.

Ein Wort zur Hühnerbrühe. Wenn ich wirklich einmal keine frisch gekochte Hühnerbrühe zur Verfügung habe, muß ich notgedrungen auf eine gekörnte Hühnerbrühe aus dem Glas zurückgreifen. Diese muß unbedingt durch ein feines Sieb passiert werden. Und eine gekörnte Brühe mit Kräutern ist in jedem Fall unbrauchbar, weil sie die Zartheit der Suppe zerstören würde.

Inzwischen habe ich das Stück Lachs sorgfältig enthäutet, das Fleisch von den Gräten geschnitten und in dünne und kurze Streifen zerlegt, welche klein genug sein sollten, daß sie beim Essen nicht über den Löffelrand hängen. 3 Minuten vor dem Servieren lege ich sie in die heiße Suppe, die nicht kochen darf. 3 Minuten brauchen sie, um gar zu werden, länger nicht!

Der Arbeitsaufwand ist minimal im Verhältnis zur Delikatesse, die hier mit wenigen – wenn auch edlen – Zutaten erreicht wird.

Kalbsrücken mit safranisiertem Blumenkohl

Kalbfleisch hat in meiner Küche Seltenheitswert. Aufmerksame Zeitungsleser wissen, warum. Und weil es inzwischen auch alle anderen wissen, machen mehr und mehr Bauern sich die Mühe, ihre Kälber auf eine Art und Weise zu mästen, die das gesundheitliche Risiko der Verbraucher in Grenzen hält. Dann ist Kalbfleisch wieder, was es früher war: eine große Delikatesse. Der Kalbsrücken vor allem ist zart und fein und saftig und leicht bekömmlich – so steht es jedenfalls in alten Kochbüchern.

Den Wahrheitsbeweis für diese Behauptung muß mein Metzger liefern. Dieser brave Mann ist ja nach den Viehzüchtern das wichtigste Glied in der Kette, welche vom mundwässernden Rezept zum ungenießbaren Braten reicht. Gewiß kann er nicht ausgleichen, was Hormonfütterung und Chemotherapeutika dem Fleisch mitgegeben haben. Aber er kann in sich das Verlangen unterdrücken, das Fleisch schon zu verkaufen, wenn es noch frisch geschlachtet ist. Damit mein Braten gelingt, muß der Kalbsrücken nämlich mindestens acht Tage abgehangen sein. Andernfalls inkarniert er zum berüchtigten Schrumpfbraten. Also beginnt dieses Rezept mit einer ernsten Unterhaltung beim Metzger.

Ein Kalbsrücken, mancherorts auch Lende genannt, ist nichts anderes als das, was übrig bleibt, wenn das Fleisch aus einer Kotelettreihe ausgelöst wird. Schneidet man es dann in bratfertige Scheiben, heißen diese Kalbssteaks. Das Ganze klingt nach bürgerlicher

Küche, und das ist es auch. Nur daß diese Küche mangels Bürgern, die das Fleisch lange genug abhängen lassen, ebenso verschwunden ist wie die Bürger, die solche bürgerlichen Rezepte noch schätzen. Dafür findet man diese heute in besseren Restaurants.
Doch nun zum Fleisch. Es muß schieres, mageres Fleisch sein, ohne die geringsten Hautreste. Pro Person brauche ich 200 g. (Aber auch die doppelte Menge ist willkommen, weil ein Kalbsrücken, kalt aufgeschnitten, am nächsten Tag köstlich schmeckt.) Seine Form ist eher flach als rund. Ich brate das Fleisch im Ofen. Dazu benötige ich salzige Butter, eine flache Pfanne oder Bratform ohne Deckel, die nicht viel größer sein darf als das Fleischstück, und sonst nichts. Kein Pfeffer, keine Gewürze, nichts.
Kalbfleisch enthält wie Fisch sehr viel Eiweiß, und wie beim Fisch wäre es falsch, das Fleisch einer großen Hitze auszusetzen; es würde an der Oberfläche hart und trocken. Also wird der Ofen höchstens auf mittlere Hitze eingestellt. Die richtige Temperatur verrät mir die Butter. Diese soll fingerhoch in der Bratform stehen und darf nicht braun werden. Dahinein lege ich das Fleisch und lasse es zunächst von beiden Seiten anbraten, was wegen der reduzierten Hitze langsam vor sich geht.
Das Fleischstück kann 10 oder 25 Zentimeter lang sein, je nachdem, wieviele Leute bei mir am Tisch sitzen. Die Höhe aber beträgt immer ungefähr 5 Zentimeter. Also bleibt auch die Garzeit konstant: 20 Minuten. Während dieser Zeit drehe ich das Fleisch immer dann herum, wenn es beginnt, braun zu werden. Das soll vermieden werden, weil es die oben beschriebenen Nachteile mit

sich brächte. Ich bekomme also keinen knusprigen braunen Braten, dafür jedoch einen, der zart und saftig ist.
Daß er gar ist, erkenne ich, wenn ich mit dem Finger auf das Fleisch drücke. Es muß sich noch ein wenig eindrücken lassen, dann ist es gut, nämlich innen noch leicht rosa, das heißt: saftig. Läßt es sich noch *sehr* leicht eindrücken, ist es noch nicht gar genug. Gibt es dem Fingerdruck jedoch nicht mehr nach, dann habe ich – Schande! – den richtigen Zeitpunkt verpaßt und meinen Braten ruiniert.
Es empfiehlt sich, das Fleisch während des Bratens öfter mit der flüssigen Butter zu bepinseln. Habe ich keine salzige Butter, muß das Fleisch extra gesalzen werden. Aber erst dann, wenn es schon einige Minuten im Ofen war und die Poren sich geschlossen haben. Das ist alles.
Die Butter hat während der Bratzeit etwas Fleischsaft aufgenommen; sie ist, ohne daß ich etwas dafür tun mußte, zu einer köstlichen Sauce geworden, die den gewöhnlichen Salzkartoffeln das gibt, was diese schon immer wollten, aber nie bekommen haben: die zur Delikatesse fehlende Ergänzung!
Abgesehen von den Salzkartoffeln paßt zu diesem Kalbsrücken ein safranisierter Blumenkohl ganz wunderbar. Ein großer Blumenkohl reicht für 4 Personen. Er wird so zerteilt, daß die einzelnen Röschen vor mir liegen. Ihre Strünke habe ich sorgfältig weggeschnitten, und größer als eine Walnuß sollten sie auf keinen Fall sein. Die dazu benötigte Arbeit dauert ein paar Minuten länger als bei der üblichen Präparation. Aber hier handelt es sich nun einmal um nichts Alltägliches, son-

dern um die Herstellung einer recht extravaganten Gemüsebeilage der Extraklasse. Außerdem werden die kleinen Röschen in weniger als 10 Minuten gar. Gar bedeutet hier auf keinen Fall weich! Sie müssen im Gegenteil noch sehr fest sein. Zwar dürfen sie nicht mehr zur Rohkost zählen, aber sie müssen weit entfernt sein von jenem Zustand, der sowohl das Kochwasser trübt als auch die Stimmung der Esser. Denn später kommen die Blumenkohlröschen noch einmal aufs Feuer, werden sogar unsanft geschüttelt, und dabei dürfen sie sich nicht in Brei auflösen. Dem salzigen Kochwasser habe ich den Saft einer Zitrone beigegeben. Hat der Blumenkohl den richtigen Biß, sofort abgießen und mit kaltem Wasser abbrausen. Das beseitigt den Rest von Kohlgeschmack und sorgt dafür, daß er jetzt in der Wartestellung nicht mehr weitergart. Abtropfen lassen.
Das kann vorbereitet werden. Kurz bevor ich das Fleisch aus dem Ofen nehme, lasse ich in einer Kasserolle oder in einem Bräter, in dem die Röschen nebeneinander Platz haben, ein eigroßes Stück Butter schmelzen. Darin löse ich eine Messerspitze Safranpulver auf. Die Röschen dazugeben, heiß werden lassen und häufig schütteln, damit sie rundherum die Farbe des Safrans annehmen. Das geht ruckzuck, und das Resultat ist verblüffend: Die kräftig gelbe Farbe, der ungewohnte, neue Geschmack (manchmal ist Nachsalzen notwendig, und einige Tropfen Zitronensaft bewirken nur Gutes) verwandeln dieses nicht gerade erhabene Gemüse in eine ungewöhnlich leckere Angelegenheit.
Die gelben Röschen werden um das Fleisch herum dekoriert, also entweder auf einer Platte, wenn der Braten im Ganzen auf den Tisch kommt, oder jeweils um

die Portionsstücke auf den Tellern. Ich bevorzuge den Tellerservice und richte alles in der Küche an.

Orangenparfait mit Mandelkuchen

Die beiden Bestandteile dieses Desserts sollten auf einem Teller serviert werden. Natürlich schmecken sie auch einzeln hervorragend; aber erst gemeinsam wirken sie geradezu elegant. Beide werden einen Tag zuvor hergestellt, damit der Kuchen gut durchzieht und das Parfait gefriert.
Für den Mandelkuchen:

125 g Butter
7 Eier
200 g Zucker
300 g feingemahlene Mandeln
4 Scheiben geriebener Zwieback
200 g kleingehackte Bitterschokolade erster Qualität
4 1/2 EL Kirschwasser

Die sehr weiche Butter mit dem Zucker und den Eigelben schaumig rühren. Die Mandeln, Schokolade, Zwieback und das Kirschwasser untermischen.
Die Eiweiße steif schlagen. 1 EL davon mit der Masse verrühren, dann den Rest vorsichtig unterziehen. Eine 25-Zentimeter-Kastenform ausbuttern, die Masse einfüllen. Bei 180 Grad zirka 1 Stunde backen.
Für das Orangenparfait:

140 g Zucker
5 Eigelb
4 EL Grand Marnier
3 EL bittere Orangenmarmelade
1/2 Liter süße Sahne
etwas geriebene Bitterschokolade

Zuerst die Eigelbe so lange rühren, bis sie weiß-gelb werden. Dann mit dem Zucker zu einer hellen Creme schlagen. Grand Marnier und Marmelade untermischen. Letzterer bekommt es gut, wenn sie mit 2 EL Zitronensaft rassiger gemacht wird.
Die Sahne steif schlagen und unter die Masse ziehen. In ein Glas- oder Porzellangefäß füllen, mit Schokolade bestäuben. Das Ganze über Nacht ins Eisfach stellen und zwei Stunden vor dem Verzehr in den normalen Kühlbereich des Kühlschranks verlagern.

Menü 12

Selleriesalat mit Nüssen
Tagliatelle mit Gorgonzola-Sauce
Garnelenschwänze provenzalisch
Apple Crumble

Das letzte Menü ist den Freunden des Südens gewidmet, den Safranfreaks und Nudelfans, die das Wort Scampi in sechs Sprachen singen können. Aber auch Fritzchen aus dem alten Gassenhauer darf sich wieder einmal freuen, daß es morgen Selleriesalat gibt. Und da Nudeln, Scampi, Gorgonzola und andere Requisiten des Südens nur Laune machen, wenn hinterher der anglophile Zuckerbäcker aus Harvestehude zum Taktstock greift, beschließt eine protestantisch-deftige und himmlisch-süße Apfelkrümelei den Reigen des leckeren Dutzends.

Selleriesalat mit Nüssen

Eine Sellerieknolle schält sich am besten, wenn ich sie zunächst in Scheiben schneide und dann die äußere, vernarbte Rinde abschneide. Auf diese Art kann ich den Unregelmäßigkeiten nachgehen; holzige Stellen erkenne ich sofort an der unterschiedlichen Farbe. Eine mittelgroße Knolle reicht hier für 6 Personen. Die Scheiben, in die ich sie zerlege, bevor ich sie entrinde, müssen so dünn sein wie Apfelschnitzel für Pfannkuchen. Daraus schneide ich wie aus einer Torte kleine, spitzwinkelige Stücke. Sie werden in Salzwasser, dem ich den Saft einer Zitrone zugefügt habe, gar gekocht.

Das dauert 8 bis 10 Minuten. Die Stücke sollen nicht weich sein, sondern noch einen Biß haben. Sofort in kaltem Wasser abschrecken.
Das bedeutet jedoch nicht, daß der Sellerie kalt oder gar eiskalt serviert werden soll. Deshalb darf er auch nicht vorbereitet im Kühlschrank aufbewahrt werden. Wie bei den meisten Speisen unterdrückt Kälte auch hier das Aroma. Deshalb ist lauwarm die bessere Temperatur.
Für die Vinaigrette knacke ich pro Person 2 Walnüsse und hacke sie mit einem schweren Messer in grobe Stücke. Wenn es ganz frische Nüsse sind, ziehe ich die bittere Haut ab. Sodann wird pro Person 1/2 große oder eine ganz kleine Schalotte mit einem rasiermesserscharfen Messer in allerfeinste Würfel geschnittten. Zusammen mit den Nüssen in 2 bis 3 EL Weinessig legen. Sherryessig ist der beste, aber es geht auch mit anderen Essigsorten, nur Kräuteressige sollten es nicht sein. Kräftig pfeffern (schwarz, aus der Mühle), je eine Prise Salz und Zucker dazu und abschließend Walnußöl langsam mit dem Schneebesen unterrühren.
Die Sellerieschnitzel auf einem Küchentuch abtrocknen, in eine Schüssel legen und mit der Vinaigrette übergießen und umwälzen. Sodann werden die einzelnen Schnitzel auf den Tellern derart angerichtet, daß sie in der Mitte des Tellers eine einzige, dachziegelartige Reihe bilden, deren Anfang und Ende eine Rosette Feldsalat ziert. Das alles wird mit der restlichen Vinaigrette übergossen. Die essiggetränkten Schalotten spielen dabei eine wichtige Rolle, denn sie frischen den etwas müden Geschmack des Selleries deutlich auf.
Die säuerliche Frische des Salates macht Appetit; eine aufgebackene Baguette kann also nicht schaden!

Tagliatelle mit Gorgonzola-Sauce

Eigentlich müßte bei diesem kleinen Zwischengericht die Angabe der benötigten Mengen genügen. Denn nichts essen Deutsche so gern und so oft wie italienische Nudelgerichte. Sie kommen unserem Infantilismus entgegen (man muß sie nicht kauen, sondern kann sie runterlutschen wie einen Kinderbrei), unserer Bequemlichkeit in der Küche (aus der Packung ins kochende Wasser – fertig) und unserer Sparsamkeit beim Essen, weil sie billig sind. Allerdings haben sie noch eine – sehr wichtige – Eigenschaft: sie sind ungeheuer lecker! Nicht delikat; das behaupten nicht einmal die Italiener. Aber frisch gemachte Nudeln, die noch nicht die Totenstarre der monatelangen Lagerung aufweisen, sehr dünn ausgerollt, mit einer köstlichen Sauce – wer könnte da widerstehen?
Bei mir gibt es Nudeln nur selten, weil ich mir die Mühe der Herstellung nicht machen will. Andererseits verabscheue ich alte Fabriknudeln. Gerate ich jedoch an einen der immer zahlreicher werdenden Stände in den Kaufhäusern, wo Nudeln frisch hergestellt werden, dann greife ich zu!
Eine Handvoll Tagliatelle (das sind schmale Bandnudeln) pro Person genügt. Ich koche sie in sprudelndem Salzwasser, dem ich einen Guß Olivenöl beigegeben habe. Ich hab's auch schon ohne Öl probiert und konnte keinen Unterschied feststellen. Aber wer möchte bei einem so klassischen Essen schon auf die Tradition verzichten? Wichtig ist hingegen die Menge

des Wassers: je mehr, um so besser. Nudeln wollen schwimmen.
Sauce brauche ich nur wenig. Deutsche Saucenseligkeit und italienische Pasta, das ist wie ein Winterpelz im Hochsommer. Für 4 Personen brauche ich:

150 g Sahne, die ich mit 6 frischen Salbeiblättern aufsetze und langsam zum Kochen bringe. Dann brösele ich 125 g Gorgonzola hinein und lasse die Sahne einige Minuten sanft köcheln. Sahne verkocht sehr schnell, deshalb die langsame Gangart. Trotzdem kann es nötig sein, daß ich noch etwas Sahne nachgießen muß. Ein Eßlöffel Crème fraîche schadet nicht.
Kurz vor dem Servieren schmecke ich ab. Salzen ist sicherlich notwendig, auch wenn der Käse schon seinen salzigen Beitrag geleistet hat.
Ich serviere die Nudeln auf kleinen Tellern, bestreue sie dick (!) mit grob gemörsertem, schwarzem Pfeffer und reiche dazu die Sauce ohne die Salbeiblätter. Die kaum verhüllte Gier in den Augen meiner Tischgenossen übersehe ich großmütig.

Garnelenschwänze provenzalisch

Garnelen sind merkwürdige Tiere. Sie sind nicht Fisch, nicht Muschel, und es gibt von ihnen verwirrend viele Abarten, die nicht einmal die Fischhändler richtig zu benennen wissen. Deshalb bin ich nicht hundertprozentig sicher, ob das, was ich hier verarbeite, die Scampis der italienischen Küche sind, ob sie Langustinos heißen oder tatsächlich Garnelen genannt werden. Sicher kann man nur sein, daß sie tiefgefroren sind oder es zumindest waren. Und so etwas empfiehlt Siebeck? höre ich jetzt die skeptischen Stimmen aus den startbereiten Küchen. Ja. Weil es sie nämlich frisch nicht gibt. Ich weiß auch nicht, warum. Frische Blumen aus Kolumbien, lebender Hummer aus Kanada, Obst aus allen Ecken der weiten Welt – eigentlich gibt es alles frisch. Nur diese dicken Krebsschwänze nicht. (Krebse? Hat er nicht gerade noch von Garnelen gesprochen? Der Mann weiß wohl selber nicht, wovon er redet!) Sie heißen übrigens auch Kaisergranat; und als Hummerkrabbenschwänze oder Gambas sind sie ebenfalls zu haben, wobei es gewiß Unterschiede gibt. Aber wie in jedem vernünftigen Kochbuch bei einem Hummerrezept ›ersatzweise Languste‹ steht, so sind auch hier die Unterschiede eigentlich nur für den Zoologen wichtig.

In allen Fällen sind die Schwänze der Schalentiere kernig und leicht süßlich im Geschmack, und immer sind die dicken Exemplare den dünnen vorzuziehen. Da ich sie nur als Zwischengericht einplane, genügen 2 oder – wenn es kleine Garnelen sind – 4 Stück pro Person. Denn wenn es sich auch nicht um teure Hummer handelt, so sind Garnelenschwänze doch nicht gerade billig.

Die Schalen der Gambas entferne ich mit den Fingern. Das ist ganz einfach: an der Unterseite aufbrechen; der Rest ähnelt dem Schälen eines hartgekochten Eis. Das Schwanzende ist spitz und dunkel; ich reiße es ab und hoffe, daß dabei der sehr dünne Darm des Tieres herausgezogen wird. Robuste Naturen kümmern sich nicht weiter um ihn; die Empfindsamen erwischen ihn

mit Sicherheit, indem sie das dicke Schwanzende senkrecht mit einem Messer einschneiden. Dann wird er sichtbar und kann herausgezogen werden.
Im Prinzip ist die Grundzubereitung von Garnelen so begrenzt wie die von Bratwürsten. Aber anders als bei den deftigen Schweinsprodukten kann man den zarten Schalentieren durch unterschiedliche Würzungen die überraschendsten Geschmacksnuancen abgewinnen. Ich liebe besonders die leicht süßlichen Versionen der aisatischen Küche, wo mit Ingwer, exotischen Saucen oder süßem Wein gearbeitet wird. Feinschmeckern wird das sofort einleuchten. Doch bei folgendem Rezept bleibt die Exotik auf einige Safranfäden beschränkt.
In einer Pfanne lasse ich eine großzügige Menge Olivenöl sehr heiß werden. Die Schwänze hineinlegen (Vorsicht, es spritzt!). Salzen, mit Cayenne würzen (der Pfeffer sollte sich deutlich bemerkbar machen!) und mit 1 Messerspitze Safranpulver (bzw. 1/4 TL Safranfäden) bestreuen. Nach 1 Minute die Schwänze einzeln herumdrehen, wieder salzen. 1 dicke Knoblauchzehe über der Pfanne durchpressen und die Pfanne schütteln, damit sich die Zutaten vermischen. Nach 2 Minuten vom Feuer nehmen. Die Schwänze – sie sind leicht rosa geworden – mit einem Schaumlöffel herausheben und auf Tellern anrichten.
1 EL Butter in die Pfanne geben, aufschäumen lassen und 2 bis 3 EL kleingewürfeltes Tomatenfleisch (ohne Haut, Saft und Kerne) dazugeben. Abschmecken, eventuell nachsalzen. 1 TL Pernod oder Ricard dazugießen, 1 Prise Zucker, nochmals kurz aufkochen lassen und über die Garneln gießen. Sofort servieren.
Wichtig ist, daß die kleinen Delikatessen nur ganz kurz

und sehr heiß gebraten werden. So bleiben sie knackig und saftig, während eine nur um 2 Minuten verlängerte Bratzeit sie mehlig und trocken werden läßt. Bei den Gewürzen bin ich nicht pingelig. Es handelt sich ja um eine kräftige, sehr aromatische Speise, also gehe ich mit Pfeffer, Knoblauch und Safran großzügig um. Dazu keine Beilagen, nur Weißbrot! Und natürlich ein kräftiger, sehr trockener Weißwein, möglichst ohne die modische Fruchtigkeit.

Apple Crumble

Der Name verrät es: Hier handelt es sich um eine englische Nachspeise. Englische Desserts sind ein Begriff wie deutsche Autos und japanische Kameras. Mithin ein Grund, hohe Erwartungen zu hegen. Der Apple Crumble wirkt einfach, fast schon primitiv, und ist auch geschmacklich der normalen Hausmannskost verwandt. Doch spätestens wenn sich der verwöhnte Feinschmecker mit dieser Hausmannskost den Teller zum dritten Mal füllt, wird klar, daß sich hinter dem scheinbar rustikalen Apfelgratin mehr verbirgt als der obere Teil eines Apfel-Streuselkuchens.
Die Zutaten:

1 Kilo Äpfel (Golden Delicious)
2 EL Zucker
1 TL Zimt
80 g Rosinen
1 Glas Weißwein oder Apfelmost

Saft von 1 Zitrone
1 Prise Nelkenpulver

Für die Streusel:

100 g Mehl
60 g geschmolzene Butter
50 g Zucker
1 Messerspitze Salz
200 g Crème fraîche

Die Äpfel schälen, vierteln, das Kerngehäuse herausschneiden und die Viertel noch einmal halbieren. Mit dem Zucker, Zimt, Nelkenpulver, Zitronensaft und dem Wein aufsetzen und zugedeckt leicht köcheln lassen, bis die Äpfel so eben gar, aber noch nicht weich sind. Die Flüssigkeit sollte zu diesem Zeitpunkt so gut wie verkocht sein. Die eingeweichten Rosinen untermischen und alles in eine flache Gratinform geben. Mehl, Zucker und Butter miteinander verrühren, wobei sich automatisch Streusel bilden. Auf die Apfelmasse streuen und unter der Oberhitze im Ofen langsam (ca. 30 Minuten) gar werden lassen. Anschließend unter dem Grill oder bei verstärkter Oberhitze leicht anbräunen. Fertig.
Zum warmen Apfelgratin serviere ich – und das ist der Pfiff bei der Sache – gut gekühlte Crème fraîche. Und weil Oma und die Kinder es nicht so schätzen wie ich, präpariere ich extra für mich und meine Gesinnungsgenossen eine Schale Crême fraîche, in die ich ein nicht zu kleines Glas Calvados eingerührt habe.

Register

Amuse Gueule à la Outhier 70
Ananaskompott mit Ingwer 53
Apple Crumble 146

Banane, heiß, mit Pinienkernen und Marc 68
Besoffene Kirschen in Eierkuchen 89
Bunter Salat mit weißen Bohnen 36

Champignon-Pfannkuchen 58
Consommé mit Morcheln 47
Courgetten-Gratin 65

Edel-Ratatouille 72
Erbsen mit Artischocken und Morcheln 13
Erdbeerparfait 20
Essighuhn 74

Frühlingszwiebeln mit Sauce Gribiche 106

Garnelenschwänze provenzalisch 143
Gefüllte Tomaten 120
Gelbe Sauerkrauttorte 116
Gemischter Salat mit heißen Kartoffeln und Ziegenkäse 24
Gratin von Mangoldstielen 37
Grünkernrisotto mit Cidrekürbis 25
Gurkensuppe mit frischem Lachs 130

Heiße Banane mit Pinienkernen und Marc 68
Hühnerbrust, Paprika und Kartoffelpüree 86
Hühnersuppe, klare, mit Glasnudeln und Wakame 60

Jakobsmuscheln mit Zitronenbutter und Curry 95

Kaffee-Halbgefrorenes 124
Kalbsrücken mit safranisiertem Blumenkohl 132
Kaninchenrisotto mit schwarzen Oliven 98
Kirschen, besoffene, in Eierkuchen 89
Klare Hühnersuppe mit Glasnudeln und Wakame 60
Kokoskuchen Calypso 32
Kräuterkaninchen mit Zwiebeln 30
Kürbis-Chutney 94

Lachs mit Meersalz und Olivenöl 109
Lauch-Kartoffel-Suppe 118
Linsensalat mit Schafskäse 82
Loup auf Fenchel 18

Mangold mit Basmati-Reis 108
Mangoldstiele-Gratin 37
Milchreis mit Aprikosen 78

Ochsenschwanz in warmer Vinaigrette 48
Orangenparfait mit Mandelkuchen 136

Portweinpflaumen 43
Poulet au Vinaigre 74

Rhabarber-Ingwer-Quark 102

Salat, bunter, mit weißen Bohnen 36
Salat, gemischter, mit heißen Kartoffeln und Ziegenkäse 24
Salat mit Roquefortkartoffeln 128
Sauerkrauttorte, gelbe 116
Seeteufel mit Speck, glasierten Zwiebeln und Kartoffeln 39
Selleriesalat mit Nüssen 140

Soufflé Glace au Café (Kaffee-Halbgefrorenes) 124
Spargelflan mit roter Paprikasauce 84
Spinatsuppe mit Knoblauch 12
Tagliatelle mit Gorgonzola-Sauce 142
Tomaten, gefüllte 120

Zitronenschaum 113
Zwiebelkuchen mit grünem Pfeffer 46